PENSIÓN COMPENSATORIA EN CASO DE SEPARACIÓN O DIVORCIO

Requisitos para su concesión, modificación, extinción y diferencias con otras figuras jurídicas similares

PENSIÓN COMPENSATORIA EN CASO DE SEPARACIÓN O DIVORCIO

Requisitos para su concesión, modificación, extinción y diferencias con otras figuras jurídicas similares

2.ª EDICIÓN 2024

Obra realizada por el Departamento de Documentación de Iberley

COLEX 2024

© Editorial Colex, S.L.
Calle Costa Rica, número 5, 3.º B (local comercial)
A Coruña, 15004, A Coruña (Galicia)
info@colex.es
www.colex.es

I.S.B.N.: 978-84-1194-610-0
Depósito legal: 1409-2024

SUMARIO

ANEXO I.
CASOS PRÁCTICOS

ANEXO II.
FORMULARIOS

1.
LA PENSIÓN COMPENSATORIA EN CASO DE SEPARACIÓN O DIVORCIO

Concepto de pensión compensatoria

Podemos conceptualizar la **pensión compensatoria** como aquella cantidad de dinero que tiene derecho a percibir uno de los cónyuges, generalmente de forma periódica (pues en este sentido, ya adelantamos que también puede constituir una prestación única), como consecuencia del **desequilibrio económico producido a causa de la ruptura matrimonial**, encontrando su regulación en el artículo 97 del Código Civil y en los artículos 99 a 101 del citado texto legal —preceptos que se hallan entre los efectos comunes a la nulidad, separación y divorcio—.

En palabras del Tribunal Supremo (**sentencia n.° 100/2020, de 12 de febrero, ECLI:ES:TS:2020:445**), la pensión compensatoria se configura como un **derecho personalísimo de crédito**, normalmente de tracto sucesivo, fijado en forma de pensión indefinida o limitada temporalmente, susceptible, no obstante, de ser abonada mediante una prestación única, incardinable dentro de la **esfera dispositiva de los cónyuges**, condicionada, por lo que respecta a su fijación y cuantificación, a los parámetros establecidos en el artículo 97 del Código Civil, y fundada en el desequilibrio económico existente entre los consortes en un concreto momento, como es el anterior de la convivencia marital. Asimismo, el **carácter personalísimo e intransmisible** de este derecho conlleva que no pueda cederse a un tercero el derecho a cobrar pensiones futuras.

Por último, también es importante dejar sentado que la pensión compensatoria no se configura como un mecanismo indemnizatorio (**STS n.° 162/2009, de 10 de marzo, ECLI:ES:TS:2009:1130**), sino que, como veremos, su **naturaleza compensatoria del desequilibrio** la aparta, de un lado, de la finalidad puramente indemnizatoria (entre otras razones, porque el artículo 97 del Código Civil no contempla la culpabilidad del cónyuge deudor como una de las incidencias determinantes de su fijación), y de otro, del carácter estrictamente alimenticio que tendría si la prestación viniera determinada por la situación de necesidad en que se encontrara el cónyuge perceptor. En el mismo sentido, la **sentencia del Tribunal Supremo n.° 434/2011, de 22 de junio,**

ECLI:ES:TS:2011:5570, que indica que la **finalidad** de la pensión compensatoria no es equiparar económicamente los patrimonios de los esposos sino lograr colocar al más desfavorecido por la ruptura en situación de igualdad de oportunidades laborales y económicas, respecto de las que habría tenido de no mediar el matrimonio, siendo consecuencia de ello el desequilibrio a igualar no sería existente al concluir este sino el que existiera al comienzo.

CUESTIÓN

En una situación de divorcio en que ambos cónyuges tienen empleo, pero uno de ellos con un salario más bajo, ¿cabría establecer una pensión compensatoria al cónyuge con el salario más bajo?

No, en los casos que ambos cónyuges trabajan y perciben ingresos, aunque sean de diferente cuantía, y en que el matrimonio no ha supuesto obstáculo alguno para el desarrollo profesional de ambos cónyuges. En este sentido de pronuncia la **sentencia del Tribunal Supremo n.° 434/2011, de 22 de junio, ECLI:ES:TS:2011:5570**: «A esta doctrina, según el recurrente, se opondría la sentencia recurrida, al declarar procedente la pensión en atención únicamente a la diferencia de ingresos entre los esposos y a la peor situación económica de la esposa respecto de la que disfrutaba durante el matrimonio gracias a los de su marido, sin valorar, en sentido opuesto a su concesión, los factores antes dichos relativos a que ningún soporte económico adicional precisaba la esposa por disponer de ingresos suficientes procedentes de su trabajo, y a que tampoco el matrimonio había supuesto un freno para su ascenso profesional y económico (durante el mismo pasó de trabajar de dependienta a auxiliar de biblioteca), derivando la diferencia de ingresos entre ambos de circunstancias ajenas al mismo, como la mejor preparación académica y profesional del marido, fruto de su exclusivo esfuerzo personal. En atención a este común planteamiento, en el primer motivo se aduce que el recurso presenta interés casacional en la modalidad de oposición a la jurisprudencia de la esta Sala sobre la materia (fijada en las referidas SSTS de 10 de febrero de 2005 y 28 de abril de 2005), mientras en el segundo se alega interés casacional en la modalidad de doctrina contradictoria de las Audiencia Provinciales (a cuyo fin se confrontan las SSAP de Zaragoza, Sección 4ª, de 28 de noviembre de 1990; y SAT de Zaragoza, de 4 de marzo de 1988, en apoyo del criterio favorable a su reconocimiento, sin consideración alguna respecto de la autonomía económica de la esposa, con las SSAP de Valencia, Sección 10ª, de 24 de noviembre 2005, 19 de diciembre de 2005 y 14 de junio de 2007, en sentido contrario)».

Nacimiento del derecho a la percepción de la pensión compensatoria

El punto principal que sustenta su concesión es el **desequilibrio**, el cual implica un **empeoramiento económico en relación con la situación existente constante el matrimonio**; que debe resultar de la confrontación entre las condiciones económicas de cada uno de los cónyuges, antes y después de la ruptura (**STS n.° 160/2014, de 18 de marzo, ECLI:ES:TS:2014:1227**). Esto es, la pensión compensatoria pretende **compensar el descenso que la nueva situación produce respecto del nivel de vida que se mantenía durante la convivencia**, lo que, tal y como se indica en, entre otras, la **STS n.° 120/2018, de 7 de marzo, ECLI:ES:TS:2018:675**, se produce **con independencia de la situación de necesidad**, mayor o menor, del acreedor, no debiendo entenderse como un derecho de nivelación o de indiscriminada igualación.

CUESTIÓN

¿Qué momento será el que debe tenerse en cuenta a la hora de apreciar y determinar la existencia o inexistencia de ese desequilibrio?

El **momento** a tener en cuenta para apreciar y determinar la existencia de un desequilibrio que pueda dar lugar al derecho a obtener una pensión compensatoria es efectivamente **el de la ruptura**.

Conforme a lo expuesto, **si en el momento de la ruptura las posiciones de ambos cónyuges estuvieran niveladas, no existiría desequilibrio**. En este sentido, cabe traer a colación la **STS n.° 790/2012, de 17 de diciembre, ECLI:ES:TS:2012:8302**, en la que la sala, partiendo de que habían transcurrido ya cuatro años desde que se produjo la separación de hecho hasta que la esposa presentó la demanda de divorcio, y habida cuenta que esta venía manteniendo un nivel similar al que disfrutó durante el matrimonio, y estimando que **cualquier empobrecimiento posterior estará completamente desligado de la convivencia matrimonial**, determina que, en consecuencia, no procede otorgar pensión por desequilibrio económico en tal supuesto.

En definitiva, para que se genere el derecho a la pensión compensatoria habrá de haberse producido un desequilibrio económico con **empobrecimiento para el solicitante de la pensión, provocado por la ruptura, no después de transcurrido un tiempo desde la separación de hecho**, razón por la que, sentencias, como la ya anteriormente referida **STS n.° 106/2014, de 18 de marzo, ECLI:ES:TS:2014:1227**, en cuanto que parte de la inexistencia de desequilibrio en el instante de la ruptura, deniegan la concesión de una pensión en previsión de que la esposa perdiera el empleo que tenía en ese momento, declarándose, como **doctrina jurisprudencial que el desequilibrio que da lugar a la pensión compensatoria debe existir en el momento de la separación o del divorcio, sin que los sucesos posteriores puedan dar lugar al nacimiento de una pensión que no se acredita cuando ocurre la crisis matrimonial.**

A TENER EN CUENTA. La antedicha doctrina —«el desequilibrio que da lugar a la pensión compensatoria debe existir en el momento de la separación o del divorcio, **sin que los sucesos posteriores puedan dar lugar al nacimiento de una pensión que no se acredita cuando ocurre la crisis matrimonial**»— ha sido matizada por los magistrados del Alto Tribunal en el sentido de estimar que, si bien es cierto que los sucesos que se producen con posterioridad a la ruptura de la convivencia son, en principio, completamente irrelevantes para determinar la existencia de la pensión compensatoria, **en aquellos supuestos en los que uno de los cónyuges preste servicios laborales para el otro, habrá de enjuiciarse la existencia de desequilibrio tanto en el momento de la ruptura como en el caso de que finalice la relación laboral, por causa no imputable al cónyuge «empleado»**. De esta manera, podemos comprobar como en la también citada **STS n.° 120/2018, de 7 de marzo, ECLI:ES:TS:2018:675**, la sala estima acertada la decisión adoptada por la audiencia provincial en la sentencia objeto del recurso, por la que se establece una pensión compensatoria a favor de uno de los cónyuges en la cantidad de 500 euros, previéndose que, en caso de pérdida de empleo o reducción de salario, se abonará la cantidad que este deje de percibir hasta completar la cantidad que recibía en concepto de salario dado que, en el caso de autos, el cónyuge beneficiario de la prestación compensatoria prestaba servicios para el obligado a su pago.

CUESTIÓN

Conforme a todo lo antedicho, ¿podríamos concluir que la desigualdad económica entre los cónyuges determinará el derecho a la pensión compensatoria?

No. La simple desigualdad económica no determinará de modo automático un derecho de compensación, sino que, se requiere que, en cada caso concreto, se ponderen las diferentes circunstancias recogidas en el artículo 97 del Código Civil:

- Los acuerdos a que hubieran llegado los cónyuges.
- La edad y el estado de salud.
- La cualificación profesional y las probabilidades de acceso a un empleo.
- La dedicación pasada y futura a la familia.
- La colaboración con su trabajo en las actividades mercantiles, industriales o profesionales del otro cónyuge.
- La duración del matrimonio y de la convivencia conyugal.
- La pérdida eventual de un derecho de pensión.
- El caudal y los medios económicos y las necesidades de uno y otro cónyuge.
- Cualquier otra circunstancia relevante.

Esto es así porque las circunstancias recogidas en citado artículo operan no solo como módulos operantes en relación con la cuantificación del montante económico de la pensión compensatoria, sino también como criterios determinantes de la existencia del desequilibrio. (Véanse en este sentido y a modo ilustrativo las SSTS n.º 100/2020, de 12 de febrero, ECLI:ES:TS:2020:445 y n.º 96/2019, de 14 de febrero, ECLI:ES:TS:2019:462).

A TENER EN CUENTA. La sentencia del Tribunal Supremo n.º 864/2010, de 19 de enero, ECLI:ES:TS:2010:327, establece como doctrina que para determinar la existencia de desequilibrio económico generador de la pensión compensatoria debe tenerse en cuenta básicamente y entre otros parámetros, la dedicación a la familia y la colaboración con las actividades del otro cónyuge, el régimen de bienes a que ha estado sujeto el patrimonio de los cónyuges en tanto que va a compensar determinados desequilibrios y su situación anterior al matrimonio.

En resumen y conclusión de todo lo expuesto, y apoyándonos en las palabras referidas por los magistrados de la **Audiencia Provincial de Valencia (sentencia n.º 339/2017, de 10 de abril, ECLI:ES:APV:2017:1337)**, podemos concluir que el **derecho al percibo de dicha pensión descansa, pues, sobre tres presupuestos esenciales**:

1. **Presupuesto de carácter económico**: existencia de un claro e inequívoco desequilibrio patrimonial en uno de los cónyuges en relación con el otro y respecto al nivel de bienestar por ambos disfrutado durante la etapa de normal convivencia marital.
2. **Presupuesto de índole temporal**: consistente en la realidad de una agravación en la situación económica comparada con el nivel de vida anteriormente mantenido.

3. **Presupuesto de carácter causal**: relación de causalidad material y directa entre aquella situación económica, desventajosa para uno de los cónyuges, y el hecho del cese de la vida en común.

1.1. Diferencias de la pensión compensatoria con la pensión económica del artículo 1438 del Código Civil

Con el fin de determinar de forma clara la diferencia existente entre la compensación económica prevista en el artículo 1438 del Código Civil y la pensión compensatoria del artículo 97 del mismo texto legal, se hace necesario que, de forma genérica, llevemos a cabo una explicación de lo que podemos entender por **pensión compensatoria** y, en este sentido, debemos partir del hecho de que, el derecho a recibir la pensión compensatoria del artículo 97 del CC, procederá bajo la base de la concurrencia de un importante postulado, erigiéndose este, tal y como expresa el citado precepto, en la **necesidad de que se produzca un efectivo desequilibrio económico en uno de los cónyuges con motivo de la separación o divorcio**.

Así pues, y de conformidad con las distintas resoluciones dictadas por las distintas audiencias provinciales de nuestro país, podemos establecer que, a grandes rasgos, **el derecho a percibir una pensión compensatoria descansa sobre tres presupuestos esenciales**:

- **Presupuesto de carácter económico**: existencia de un claro e inequívoco desequilibrio patrimonial en uno de los cónyuges en relación con el otro, y respecto al nivel de bienestar por ambos disfrutado durante la etapa de normal convivencia marital.
- **Presupuesto temporal**: realidad de una agravación en la situación económica comparada con el nivel de vida anteriormente mantenido.
- **Presupuesto de carácter causal**: relación de causalidad material y directa entre aquella situación económica, desventajosa para uno de los cónyuges, y el hecho del cese de la vida en común.

Asimismo, es importante poner de relieve que **el desequilibrio económico** —que constituye el presupuesto básico de la pensión compensatoria— **ha de haberse producido en el momento de la ruptura matrimonial (sentencia del Tribunal Supremo n.º 84/2018, de 14 de febrero, ECLI:ES:TS:2018:407)**. Esto es, será al tiempo de la ruptura cuando se han de valorar las circunstancias y resolver tanto la procedencia del reconocimiento del derecho a la pensión como la cuantía de la misma.

Este derecho podrá consistir en una **pensión temporal o por tiempo indefinido, así como en una prestación única**. Circunstancia esta que será determinada en el convenio regulador o en la sentencia. Asimismo, tal y como advierte el meritado precepto, a falta de acuerdo de los cónyuges **en la determinación de su importe, se tendrán en cuenta los siguientes conceptos**:

1. Los acuerdos a que hubieran llegado los cónyuges.
2. La edad y el estado de salud.
3. La cualificación profesional y las probabilidades de acceso a un empleo.
4. La dedicación pasada y futura a la familia.
5. La colaboración con su trabajo en las actividades mercantiles, industriales o profesionales del otro cónyuge.
6. La duración del matrimonio y de la convivencia conyugal.
7. La pérdida eventual de un derecho de pensión.
8. El caudal y los medios económicos y las necesidades de uno y otro cónyuge.
9. Cualquier otra circunstancia relevante.

Conforme a lo anteriormente expuesto, resulta sencillo fijar la **diferenciación existente entre la pensión compensatoria y la compensación prevista en el artículo 1438 del Código Civil**, habida cuenta que, mientras que la pensión compensatoria cuantifica el desequilibrio que tras la separación o divorcio se produce en uno de los cónyuges, valorando la pérdida de oportunidades profesionales y teniendo en cuenta como uno más de los criterios la «dedicación pasada y futura a la familia», **la compensación del artículo 1438 del Código Civil** tiene su base en el trabajo para la casa realizado por uno de los cónyuges, bajo un régimen de separación de bienes, al valorarlo como una contribución al sostenimiento de las cargas familiares.

Asimismo, la **pensión compensatoria** se puede acordar **cualquiera que sea el régimen económico matrimonial**, analizándose el desequilibrio presente y futuro, mientras que, por su parte, la **pensión económica contemplada en el artículo 1438 del Código Civil**, en base a la propia literalidad del texto contenido en dicho artículo, solo puede acordarse en **régimen de separación de bienes** y se analiza la situación existente durante el matrimonio y hasta el momento de la extinción de dicho régimen, para determinar el valor del trabajo en el hogar. Así se desprende del contenido de la **sentencia del Tribunal Supremo n.º 252/2017, de 26 de abril, ECLI:ES:TS:2017:1591**, en la que la sala, en su análisis de la distinción existente entre la compensación del artículo 1438 del Código Civil y la pensión compensatoria establecida en el artículo 97 del mismo texto legal, se pronuncia conforme sigue:

> «Mediante la pensión compensatoria se cuantifica el desequilibrio que tras la separación o divorcio se produce en uno de los cónyuges, valorando la pérdida de oportunidades profesionales y teniendo en cuenta como uno más de los criterios la "dedicación pasada y futura a la familia".
>
> Por otro lado, la compensación del art. 1438 del C. Civil tiene su base en el trabajo para la casa realizado por uno de los cónyuges, bajo un régimen de separación de bienes, al valorarlo como una contribución al sostenimiento de las cargas familiares.

La pensión compensatoria se puede acordar cualquiera que sea el régimen económico matrimonial, analizándose el desequilibrio presente y futuro. Por su parte, en base al art. 1438 del C. Civil, solo puede acordarse en régimen de separación de bienes y se analiza la situación existente durante el matrimonio y hasta el momento de la extinción del régimen de separación de bienes, para determinar el valor del trabajo en el hogar.

La pensión compensatoria del art. 97 del C. Civil se otorga en consideración a la contribución pasada a la familia, pero también valorando la dedicación futura a los hijos, en su caso, para apreciar la posible existencia de desequilibrio económico. Sin embargo, la compensación del art. 1438 del C. Civil no se establece en consideración a la dedicación futura a la familia, ni a la situación de desequilibrio, sino solo en función de la pasada dedicación a la familia, vigente el régimen económico de separación y hasta la extinción del mismo».

DIFERENCIAS EXISTENTES ENTRE LA PENSIÓN ECONÓMICA DEL ART. 1348 DEL CC Y LA PENSIÓN COMPENSATORIA	
COMPENSATORIA (ART. 97 DEL CC)	COMPENSACIÓN DEL ART. 1348 DEL CC
Cuantifica el **desequilibrio** (dedicación a la familia como un criterio más a valorar).	Se basa en el **trabajo para la casa** realizado por uno.
Puede acordase **cualquiera que sea el régimen económico matrimonial.**	**Solo** puede acordarse en **régimen de separación de bienes.**
Se analiza el **desequilibrio** presente y futuro.	Se analiza la situación existente **durante el matrimonio y hasta el momento de la extinción** (determinación del valor del trabajo realizado para el hogar).

CUESTIÓN

¿Es compatible el reconocimiento del derecho a la pensión compensatoria con el derecho a la compensación del artículo 1438 del Código Civil?

Sí. La compatibilidad entre el derecho a la obtención de una pensión compensatoria y la compensación económica del cónyuge que, casado en régimen de separación de bienes, haya contribuido con el trabajo para la casa ha venido siendo reconocida de forma reiterada por nuestro Tribunal Supremo. Así, encontramos, entre otras, la **STS n.º 658/2019, de 11 de diciembre, ECLI:ES:TS:2019:4080**, en la que la sala, haciendo referencia a su **sentencia n.º 678/2015, de 11 de diciembre, ECLI:ES:TS:2015:5216**, se pronuncia de la siguiente manera:

«(...) el art. 1438 del CC "[...] se trata de una norma de liquidación del régimen económico matrimonial de separación de bienes que no es incompatible con la pensión compensatoria, aunque pueda tenerse en cuenta a la hora de fijar la compensación, y que puede hacerse efectiva bien en el proceso conyugal o en un procedimiento independiente". Esta doctrina se reproduce en la STS 94/2018, de 20 de febrero.

(...) la pensión compensatoria del art. 97 del CC no es incompatible con la compensación liquidatoria del régimen de separación de bienes del art. 1438 CC, de manera tal que cabe fijar la cuantía de ambas y ser conjuntamente percibidas por el cónyuge acreedor. Mientras que la compensación del 1438 del CC, lo que valora es

la dedicación pasada a la familia por el trabajo para la casa, la pensión compensatoria del art. 97 del CC, tiene en cuenta tanto la pasada como la futura, tras la disolución del vínculo matrimonial. Ésta se basa en el desequilibrio económico en relación a la posición del otro cónyuge, que implica un empeoramiento en su posición anterior en el matrimonio, mientras que el art. 1438 del CC pretende compensar la aportación al levantamiento de las cargas familiares, que no deja de constituir una obligación de ambos consortes proporcionalmente a sus ingresos y/o posibilidades (arts. 1318 y 1438 del CC). La pérdida de oportunidades laborales es contemplada en la apreciación del desequilibrio económico y en la cuantificación de la pensión compensatoria».

1.2. Diferencias de la pensión compensatoria con la pensión de alimentos

De conformidad con lo dispuesto en el artículo 142 del Código Civil, se entiende por alimentos todo lo que es indispensable para el sustento, habitación, vestido y asistencia médica, comprendiendo también la educación del alimentista mientras sea menor de edad y aun después, cuando no haya terminado su formación por causa que no le sea imputable.

Así pues, podemos entender la obligación alimenticia como un deber impuesto a una o varias personas de asegurar la subsistencia de otra u otras con las que existe un vínculo familiar o parentesco, en la extensión prevista en el artículo 143 del Código Civil (cónyuge, ascendientes, descendientes y, en su caso, hermanos), suponiendo pues, la conjunción de dos partes: una acreedora, que tiene derecho a exigir y recibir los alimentos, y otra deudora, que tiene el deber moral y legal de prestarlos (**STS n.º 267/1991, de 13 de abril, ECLI:ES:TS:1991:16055**). Si bien, para que nazca la obligación, el alimentista debe ostentar la posición de necesitado y el alimentante debe poseer bienes y medios aptos para atender la deuda.

Conforme a lo expuesto, vemos que los alimentos y la pensión compensatoria obedecen a **finalidades y causas distintas**: los alimentos tienen como objetivo solucionar el estado de necesidad de quien los acredita, mientras que, por su parte, la pensión compensatoria obedece a otras razones, las cuales se corresponderían con las de compensar el desequilibrio que pueda producirse como consecuencia de la ruptura matrimonial. De este modo, se ha reconocido que para reclamar la pensión compensatoria no se requiere la prueba de la necesidad (**STS n.º 10/2010, de 9 de febrero, ECLI:ES:TS:2010:292**).

Además, y como consecuencia directa del carácter garantista de la obligación de la prestación alimentaria, encontramos que esta se configura como un derecho indisponible para las partes, constituyéndose, por lo tanto, como una percepción irrenunciable (artículo 151 del Código Civil), a diferencia de lo que ocurre con la pensión compensatoria, prestación que se configura como un derecho disponible en el que rige principio de autonomía de la voluntad de los cónyuges.

Por otro lado, también cabe resaltar la divergencia existente en relación con el momento en que nace cada una de las obligaciones objeto de diferenciación. Así, y mientras que el derecho a la pensión compensatoria nace con la ruptura matrimonial, siendo este el momento en el que efectivamente procederá apreciar y determinar si corresponde su procedencia, el derecho a la pensión de alimentos puede fijarse en cualquier momento en base a la relación familiar o de parentesco y la situación de necesidad.

DIFERENCIAS EXISTENTES ENTRE LA PENSIÓN DE ALIMENTOS Y LA PENSIÓN COMPENSATORIA	
PENSIÓN DE ALIMENTOS	**PENSIÓN COMPENSATORIA**
Objeto: solucionar el estado de necesidad de quien los solicita	**Objeto: c**ompensar el desequilibrio tras la ruptura matrimonial
Presupuesto subjetivo: cónyuge, ascendientes, descendientes y hermanos (art. 143 del CC)	**Presupuesto subjetivo:** cónyuge (art. 97 del CC)
Derecho de **carácter indisponible** para las partes	**Naturaleza dispositiva**: rige el principio de **autonomía de la voluntad** de lo cónyuges
Nacimiento de la obligación: momento en el que se produce el estado de necesidad	**Nacimiento de la obligación:** momento de la ruptura matrimonial

Por último, cabría a hacer mención a la **cantidad máxima embargable en aquellos supuestos en los que nos encontremos ante un impago de estas pensiones**. Así, si es claro y manifiesto el hecho de que las limitaciones de las escalas previstas en el artículo 607 de la Ley de Enjuiciamiento Civil no resultan de aplicación cuando lo que se ejecuta es la debida prestación alimenticia, (habida cuenta de lo previsto en el artículo 608 del referido texto legal) lo cierto es que existen posiciones discordantes en las diferentes audiencias provinciales de nuestro pais respecto al hecho de que estas limitaciones operen, o no, en los supuestos en los que nos encontremos ante el embargo a consecuencia del impago de la prestación compensatoria. Así, encontramos que **mientras que unas audiencias consideran extensible la aplicación del artículo 608 a las pensiones compensatorias, otras niegan tal extensión**, aplicando un criterio más restrictivo, **sin que, a fecha de la presente, contemos con una criterio único y determinante**.

Así, encontramos posturas a favor, tal y como recoge el auto dictado por la **Audiencia Provincial de Valencia n.º 161/2012, de 8 de mayo, ECLI:ES:APV:2012:389A**, a través del cual, los magistrados desestiman el recurso de apelación interpuesto por la representación procesal del ejecutado que considera que dicha resolución infringe los artículos 607 y 608 de la LEC al no aplicar los límites de inembargabilidad a su pensión de jubilación para atender la pensión compensatoria establecida.

Concluyen pues los magistrados de la sala, declarando la perfecta aplicabilidad al tipo de prestación económica objeto de autos —pensión compensatoria del artículo 97 del Código Civil— de las excepciones que el artículo 608 de la Ley de Enjuiciamiento Civil hace respecto de las escalas que regula el precepto anterior (artículo 607 del mismo texto legal). En el mismo sentido, se pronuncia la **Audiencia Provincial de Zaragoza en su auto n.º 411/2011, de 12 de julio, ECLI:ES:APZ:2011:1710A**:

> «Se trata, pues, de decidir si en esa referencia a los alimentos del consorte hay que entender incluida la pensión compensatoria, que en principio es la única procedente a su favor, pues las normas que determinan los efectos comunes a las sentencias de nulidad, separación y divorcio sólo hablan de alimentos en relación a los hijos (artículos 90, 91 y 93 del C.Civil), cuestión cuya respuesta tiene resuelto esta Sección que debe ser afirmativa —vd. auto 19-12-1008—, valorando la naturaleza mixta que la pensión compensatoria ostenta, englobando la alimenticia, y que si el artículo 608 LEC determina que lo dispuesto en el art 607.2 de la LEC no será de aplicación cuando se ejecute una sentencia que condena al pago de los alimentos, añade que en estos hay que entender incluidos los pronunciamientos de la sentencia dictada en procesos matrimoniales "sobre alimentos debidos al cónyuge e hijos", por lo que la mención a los mismos —los debidos al cónyuge— solo puede hacer referencia a los que la compensatoria comprende (en el mismo sentido, entre otras, SSAP Madrid 2-6-03 y Asturias 26-6-03)».

En contra se pronuncia, entre otras, la **Audiencia Provincial de A Coruña que, en su auto n.º 102/2017, de 16 de junio, ECLI:ES:APC:2017:905A**, pone de manifiesto la imposibilidad de que esa especial protección de la obligación de alimentos pueda extenderse a la pensión compensatoria:

> «(...) para que pueda ser aplicado lo dispuesto en el art. 608 de la LEC habrán de tratarse de pensiones alimenticias, de modo tal que las ejecuciones que se sigan por pensiones compensatorias no podrán beneficiarse de esta excepción porque la norma expresamente contempla las pensiones alimenticias entre cónyuges, ascendientes y descendientes acordadas al amparo de lo previsto en el art. 143 del CC, pero no las pensiones compensatorias surgidas ex art. 97 del CC.
>
> (...)
>
> Sin duda, esta corriente más restrictiva es la que el legislador ha tenido en cuenta a la hora de promulgar la nueva Ley de la Jurisdicción Voluntaria, L15/2015 de 2 de julio, la cual en su Disposición Final Tercera, ha venido a modificar determinados artículos de la LEC, y en concreto el art. 608, sin que se haya incorporado la referencia a la pensión compensatoria, manteniéndose la referencia única a la pensión alimenticia».

Idéntica postura restrictiva contemplamos en el **auto de la Audiencia Provincial de Cuenca n.º 64/2019, de 9 de julio, ECLI:ES:APCU:2019:67A**, en el que la sala, tomando en consideración las diferentes posturas, considera que debe aplicarse a la pensión compensatoria el régimen establecido en el artículo 607 de la Ley de Enjuiciamiento Civil, y no el previsto en el artículo 608 del mismo texto legal, «y ello porque la Sala 1.ª del Tribunal Supremo sigue considerando que la pensión compensatoria tiene una naturaleza esencialmente no alimenticia».

1.3. Nulidad matrimonial y pensión compensatoria: artículo 98 del Código Civil

La nulidad matrimonial, regulada a través de las disposiciones contempladas en los artículos 73 a 80 del Código Civil, supone uno de los supuestos de ineficacia del matrimonio y tiene como consecuencia principal la invalidación del mismo por los vicios o defectos de los que adolezca.

A TENER EN CUENTA. El artículo 77 del CC se encuentra suprimido por la Ley 30/1981, de 7 de julio, en vigor desde el 9 de agosto de 1981.

¿Cuáles son las causas por las que se declarará nulo un matrimonio?

Las causas de nulidad, cualquiera que sea la forma de celebración del matrimonio, se encuentran recogidas en el artículo 73 del Código Civil. De la lectura de dicho artículo resulta que será nulo:

- **El matrimonio celebrado sin consentimiento.**
- **El matrimonio celebrado entre las personas a que se refieren los artículos 46 a 47 del Código Civil**, salvo los casos de dispensa conforme al artículo 48 del Código Civil. Encontrándonos pues (sin perjuicio de acudir a la dispensa en los casos legalmente contemplados) que será nulo el matrimonio celebrado con menores de edad no emancipados, con aquellos que se hallen ligados con vínculo matrimonial, el matrimonio celebrado entre parientes en línea recta por consanguinidad o adopción, los colaterales por consanguinidad hasta el tercer grado y el matrimonio celebrado por los condenados por haber tenido participación en la muerte dolosa del cónyuge o persona con la que hubiera estado unida por análoga relación de afectividad a la conyugal.
- **El matrimonio contraído sin intervención de las personas autorizadas por el Código para celebrarlo** (juez de paz, alcalde o concejal, letrado de la Administración de Justicia o funcionario diplomático o consular) o sin la de testigos. A este respecto, no obstante, habrá que estar a lo estipulado en el artículo 53 del Código Civil, que señala que la validez del matrimonio no quedará afectada por la incompetencia o falta de nombramiento legítimo de los celebrantes siempre que al menos uno de los cónyuges hubiera procedido de buena fe y aquellos ejercieran sus funciones públicamente.
- **El matrimonio celebrado por error en la identidad de la persona, o en las cualidades personales del otro contrayente** (en este último caso, siempre que estas, por su entidad, hubiesen sido determinantes de la prestación del consentimiento). Sobre el segundo supuesto,

es decir, el error en las cualidades personales del contrayente, existe una muy diversa jurisprudencia caracterizada por una interpretación de sesgo restrictivo. Así, y aun cuando se señale que se entiende que «la cualidad personal se predica tanto de la dimensión física de la persona como de la psíquica» **(STS n.º 629/1989 de 18 de septiembre, ECLI:ES:TS:1989:15072)**, no se reconoce, por ejemplo, la «fidelidad» o «integridad moral» del otro como elemento determinante del consentimiento matrimonial **(STS n.º 105/1997, de 20 de febrero, ECLI:ES:TS:1997:1166)**. El elemento definitivo, como se ha señalado, es que esas cualidades personales tuviesen «entidad» suficiente como para determinar la prestación del consentimiento, esto es, que de no mediar error sobre ellas, el consentimiento no se hubiese producido, por lo que se hace necesario valorar los hechos y conductas de ambos cónyuges, «sobre todo en el período de relaciones mantenidas por los esposos durante el noviazgo» **(STS n.º 468/1987 de 11 de julio, ECLI:ES:TS:1987:4957)**. Así, sí es causa de nulidad, a título de ejemplo, hacer creer al otro contrayente «que todavía se estaba en edad para engendrar hijos» **(STS n.º 665/1994, de 1 de julio, ECLI:ES:TS1994:5062)**.

- El contraído por **coacción o miedo grave**.

CUESTIONES

1. Las causas de nulidad recogidas en el artículo 73 del Código Civil, ¿afectarán a cualquier tipo de matrimonio o solo serán aplicables a los matrimonios civiles?

Las causas de nulidad aplicarán a cualquier tipo de matrimonio. Así lo prevé el artículo 73 del Código Civil, «es nulo cualquiera que sea la forma de celebración». Por lo que las causas de nulidad no solo resultarán de aplicación al matrimonio civil sino que, en caso de concurrir causa de nulidad, afectará a cualquier tipo de matrimonio, sin importar la forma en la que este hubiera sido celebrado.

2. ¿Qué sujetos se hayan legitimados para la solicitud de la nulidad matrimonial?

Por regla general y de conformidad con lo dispuesto en los artículos 74 a 76 del Código Civil, las personas legitimadas para solicitar la nulidad matrimonial son los cónyuges, el Ministerio Fiscal y terceras personas con interés legítimo y directo en ella. Esta «regla» tiene dos excepciones:

- Nulidad del matrimonio del menor de edad, en cuyo caso la legitimación será de los representantes legales o del Ministerio Fiscal.
- Nulidad del matrimonio por error, coacción o miedo grave, en cuyo supuesto la legitimación corresponderá al cónyuge que hubiera sufrido el vicio.

Asimismo, **la acción de nulidad matrimonial no caduca**, así lo ha declarado el **Tribunal Supremo en su sentencia n.º 91/2024, de 24 de enero, ECLI:ES:TS:2024:241**. En los hechos probados se determina que en el año 2013 los hijos del esposo fallecido interpusieron una demanda de modificación judicial de la capacidad frente a su padre alegando un deterioro cognitivo, con diagnóstico de Alzheimer, que afectaba en sus decisiones y limitaba su vida. Un mes más tarde el esposo y la futura mujer otorgan capitulaciones matrimoniales y contraen matrimonio en febrero de 2014. En diciembre de

2014 se declara por el juzgado que llevaba el asunto la modificación de la capacidad de obrar del esposo, tanto en el ámbito personal como patrimonial, quedando firme esta sentencia al no ser recurrida por ninguna de las partes.

En enero de 2015 los hijos del esposo interponen demanda de nulidad matrimonial frente a su padre y la esposa del mismo, alegando que en el momento de contraer matrimonio su padre carecía de capacidad para prestar consentimiento matrimonial, por lo que el matrimonio era nulo. Este proceso se suspende por prejudicialidad penal, en el año 2016 se archivan provisionalmente los autos y en abril de 2021 se declara la caducidad de la instancia.

En junio de 2021 uno de los hijos del esposo, que había fallecido en 2017, interpone de nuevo demanda de nulidad matrimonial frente a la viuda de su padre. El juzgado de primera instancia estima la demanda y declara la nulidad del matrimonio por falta de consentimiento. La viuda interpone recurso de apelación interesando que se desestime íntegramente la demanda. La Audiencia Provincial estima el recurso de apelación revoca la sentencia del juzgado y dicta sentencia por la que desestima la demanda de nulidad matrimonial por entender que la acción estaba caducada, al entender que el hecho supone un error en el consentimiento, al no tener la persona con discapacidad los apoyos necesarios, y por tanto aplica el art. 1301 del CC. El hijo del esposo fallecido interpone recurso extraordinario por infracción procesal y recurso de casación.

El Tribunal Supremo analiza la posible caducidad de la acción de nulidad matrimonial con relación a lo cual señala que la especial naturaleza del matrimonio, la regulación de la nulidad matrimonial cuenta con un régimen específico diferente del previsto legalmente y desarrollado jurisprudencialmente para los contratos.

En primer lugar, recuerda que el art. 45 del CC señala que «No hay matrimonio sin consentimiento matrimonial (...)». De manera coherente con esta disposición, el art. 73.1 del CC señala como primera causa de nulidad del matrimonio «El matrimonio celebrado sin consentimiento matrimonial». Señala el Alto Tribunal que el art. 73 del CC no prevé la caducidad de la acción de nulidad matrimonial, estableciendo como únicos supuestos de convalidación los establecidos en los arts. 75 y 76 del CC.

Por tanto, la sentencia reza «La regla general, por tanto, fuera de lo previsto en los arts. 75 y 76 CC para los casos que contemplan, es que **las personas legitimadas para impugnar la validez de un matrimonio (art. 74 y ss.) pueden hacerlo sin estar sometidas a un plazo**».

No entra en cuestión la **legitimación del hijo para instar la nulidad matrimonial el cual presenta un interés directo y legítimo para impugnar la validez del matrimonio de su padre por falta de consentimiento matrimonial.**

La nulidad matrimonial y sus efectos en el nacimiento del derecho a la pensión compensatoria

Desde el punto de vista jurídico (y salvo lo dispuesto para el llamado matrimonio putativo), **un matrimonio nulo no ha existido nunca**. Sin embargo, ello no obsta a que, cumplidos determinados requisitos, pueda nacer el **de-**

recho a una indemnización a favor del cónyuge que lo contrajo de buena fe, indemnización que no se corresponde con la pensión compensatoria a que se refiere el artículo 97 del Código Civil, sino que más bien se trata de una equitativa reparación económica equilibradora de los amplios y varios desajustes que pueda ocasionar la nulidad de un matrimonio por la extinción de un proyecto común de vida de los esposos afectados.

Así, reza el artículo 98 del Código Civil que, «el cónyuge de buena fe cuyo matrimonio haya sido declarado nulo tendrá derecho a una indemnización si ha existido convivencia conyugal, atendidas las circunstancias previstas en el artículo 97». La remisión efectuada al artículo 97 solo incide, en palabras del Tribunal Supremo (**STS n.º 266/1992, de 10 de marzo, ECLI:ES:TS:1992:2016**), «a efectos de cuantificar la indemnización postmatrimonial de procedencia».

Requisitos para el nacimiento de la indemnización por nulidad matrimonial

El reconocimiento del derecho a la indemnización por nulidad matrimonial contemplada en el artículo 98 del Código Civil exige que hayan sido cumplidos, de forma necesaria e ineludible, los siguientes **requisitos**:

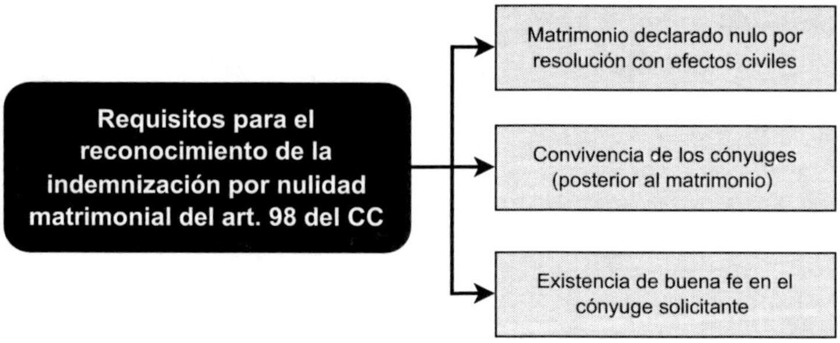

- Que el matrimonio haya sido declarado nulo en virtud de resolución con efectos civiles.

CUESTIÓN

¿Será válida la nulidad dictada por un tribunal eclesiástico?

Sí, de acuerdo con el contenido del artículo 80 del Código Civil tendrán eficacia en el orden civil las resoluciones dictadas por los tribunales eclesiásticos sobre nulidad de matrimonio canónico o las decisiones pontificias sobre matrimonio rato y no consumado, **a solicitud de cualquiera de las partes, si se declaran ajustados al derecho del Estado en resolución dictada por el juez civil competente**.

- Que haya existido una convivencia entre los cónyuges. A este respecto, cabe advertir el artículo 69 del Código Civil que establece una presunción legal de convivencia por la que **el incumplimiento de este requisito solo será destruido en virtud de prueba en contrario.**

- Que el matrimonio declarado nulo haya sido contraído de buena fe por parte del cónyuge que solicita la indemnización por nulidad matrimonial. En este sentido, y partiendo de que debe partirse de la buena fe de ambos contrayentes por aplicación que de este principio contempla de forma genérica nuestro Código Civil en su artículo 7, en relación a la literalidad del artículo 79 del citado texto legal, que presume la buena fe como regla general, es importante dejar sentado que, en caso buena fe concurrente y coincidente en ambos contrayentes, se excluirá el nacimiento del derecho indemnizatorio previsto en el artículo 98 del Código Civil, ya que ningún cónyuge podría reclamar indemnización al otro, al producirse una compensación de las respectivas pretensiones, conforme al artículo 1195 del Código Civil, pues el derecho indemnizatorio asiste al cónyuge cuya mala fe no resulte probada. Y lo mismo ha de predicarse de los supuestos de mala fe de ambos, pues la indemnización carece de toda razón de ser y consistencia **(STS n.º 266/1992, de 10 de marzo, ECLI:ES:TS:1992:2016)**.

CUESTIÓN

Conforme a lo antedicho, ¿podemos concluir que la exigencia de la buena fe del reclamante de la indemnización por nulidad matrimonial exige, *a sensu contrario*, la mala fe del obligado al pago?

No. Es **suficiente la mera actitud imprudente o negligente** del cónyuge respecto del que se solicita la indemnización por nulidad matrimonial en cuanto que, tal y como pone de manifiesto la **sala de la Audiencia Provincial de Madrid en su sentencia n.º 150/2016, de 19 de febrero, ECLI:ES:APM:2016:2091**, este último debió de haber contemplado el resultado perjudicial que, para la otra parte, dimanaría tal imprudente actuar.

Para concluir, resulta de extraordinaria importancia destacar el hecho de que aquel que tenga reconocido el derecho a la indemnización por nulidad matrimonial también tendrá derecho, a la muerte del obligado al pago, a la **pensión de viudedad** en los términos y condiciones recogidas en el apartado 3.º del artículo 220 de la Ley General de la Seguridad Social:

> «En caso de nulidad matrimonial, el derecho a la pensión de viudedad corresponderá al superviviente al que se le haya reconocido el derecho a la indemnización a que se refiere el artículo 98 del Código Civil, **siempre que no hubiera contraído nuevas nupcias o hubiera constituido una pareja de hecho** en los términos a que se refiere el artículo siguiente. Dicha pensión será reconocida en **cuantía proporcional al tiempo vivido con el causante**, sin perjuicio de los límites que puedan resultar por la aplicación de lo previsto en el apartado anterior en el supuesto de **concurrencia de varios beneficiarios**».

2. FIJACIÓN DE LA PENSIÓN COMPENSATORIA Y RENUNCIA

La pensión compensatoria **es una medida definitiva de la separación o el divorcio, constituyéndose como una norma de naturaleza dispositiva y sometida a la autonomía privada de los cónyuges (STS n.º 377/2016, de 3 de junio, ECLI:ES:TS:2016:2574)**.

Sentado lo anterior y resultando de aplicación las disposiciones contenidas en los artículos 81 y siguientes del Código Civil, al ocuparse estas de la separación y disolución matrimonial, podemos concluir que la pensión compensatoria podrá ser acordada —si los cónyuges proceden a la petición de separación o divorcio de mutuo acuerdo o por uno con el consentimiento del otro (trámites del artículo 777 de la LEC)— en **convenio regulador** aprobado por autoridad judicial o elevado a escritura pública ante notario. Por su parte, si el procedimiento de separación o divorcio es contencioso (trámites del artículo 770 de la LEC), la pensión compensatoria, si procede, será fijada en **sentencia** una vez concluido el procedimiento contencioso de separación o divorcio.

> **A TENER EN CUENTA.** El artículo 770 de la LEC ha sido modificado, con entrada en vigor el 20/03/2024, por el RD-ley 6/2023, de 19 de diciembre.

Pensión compensatoria fijada por convenio regulador

En palabras del Tribunal Supremo, el convenio regulador es «un negocio jurídico de derecho de familia que, de acuerdo con la autonomía de la voluntad de los afectados, puede contener tantos pactos típicos, como atípicos» **(sentencia del Tribunal Supremo n.º 233/2012, de 20 de abril, ECLI:ES:TS:2012:2906)**, en el que intervienen los particulares y la autoridad judicial y tiene por finalidad regular los efectos de las situaciones de crisis de matrimonio, incluyendo, a este respecto, «una serie de factores entre los cónyuges, cuyo contenido mínimo está integrado por las medidas relativas a la guarda y custodia, régimen de visitas, atribución del uso de la vivienda familiar, alimentos y cargas del matrimonio, liquidación del régimen económico matrimonial y pensión compensatoria».

El convenio regulador opera en los casos de crisis matrimonial y su **contenido mínimo se relaciona en el artículo 90 del CC que dispone que el convenio regulador** deberá pronunciarse al menos acerca de:

> «a) El cuidado de los hijos sujetos a la patria potestad de ambos, el ejercicio de esta y, en su caso, el régimen de comunicación y estancia de los hijos con el progenitor que no viva habitualmente con ellos.
>
> b) Si se considera necesario, el régimen de visitas y comunicación de los nietos con sus abuelos, teniendo en cuenta, siempre, el interés de aquellos.
>
> b) bis. El destino de los animales de compañía, en caso de que existan, teniendo en cuenta el interés de los miembros de la familia y el bienestar del animal; el reparto de los tiempos de convivencia y cuidado si fuere necesario, así como las cargas asociadas al cuidado del animal.
>
> c) La atribución del uso de la vivienda y ajuar familiar.
>
> d) La contribución a las cargas del matrimonio y alimentos, así como sus bases de actualización y garantías en su caso.
>
> e) La liquidación, cuando proceda, del régimen económico del matrimonio.
>
> f) **La pensión que conforme al artículo 97 correspondiere satisfacer, en su caso, a uno de los cónyuges**».

Como expusimos anteriormente, la pensión compensatoria podrá ser acordada —si los cónyuges proceden a la petición de separación o divorcio de mutuo acuerdo o por uno con el consentimiento del otro (trámites del artículo 777 de la LEC)— en convenio regulador aprobado por medio de dos vías, según las circunstancias de los cónyuges, la homologación judicial y la escritura pública.

|| Homologación por la autoridad judicial

Así, este acuerdo pactado por los cónyuges en el que, en su caso, se establecerá la pensión compensatoria acordada a favor de uno de uno de ellos y con cargo al otro, se presentará ante el órgano judicial para su homologación. Si bien, cabe recordar en este extremo (separándonos del concreto caso que nos ocupa) que la autoridad judicial podrá denegar, mediante resolución motivada, la aprobación del referido convenio en caso de que los pactos contenidos en el mismo no garanticen suficientemente los alimentos a los hijos/as, la educación, etc., en cuyo caso, los cónyuges deberán presentar una nueva propuesta para su homologación, que podrá limitarse únicamente, a los puntos denegados por la autoridad judicial.

|| Escritura pública

Por su parte, también podremos encontrarnos, en aquellos casos en los que no existan hijos o hijas menores no emancipados/as o hijos/as con discapacidad con medidas de apoyo atribuidas a sus progenitores, la fijación de la pensión compensatoria en convenio regulador contenido en escritura pública.

CUESTIONES

1. ¿Podrán los cónyuges otorgar la escritura ante un notario de cualquier localidad?

No, los cónyuges tendrán que prestar su consentimiento ante el notario del último domicilio común o del domicilio o residencia habitual de cualquiera de los solicitantes (artículo 54 de la Ley del Notariado de 28 de mayo de 1862).

2. ¿Cuándo comenzará a surtir efectos el convenio regulador?

El convenio regulador comenzará a surtir efectos desde que sea aprobado judicialmente o, en su caso, desde el otorgamiento de la escritura pública (artículo 90 del Código Civil): «Desde la aprobación del convenio regulador o el otorgamiento de la escritura pública, podrán hacerse efectivos los acuerdos por la vía de apremio».

Pensión compensatoria fijada por sentencia

Para los casos en los que el divorcio sea contencioso, es decir, no exista acuerdo entre los cónyuges, la autoridad judicial adoptará las medidas definitivas que considere más convenientes, tanto para los hijos/as como para los cónyuges, por lo que, en estos supuestos, en caso de que se estime que procede el derecho a la pensión compensatoria a favor de uno de los cónyuges, esta será fijada en sentencia.

A TENER EN CUENTA. En cualquier caso, tanto cuando la pensión compensatoria sea fijada en la resolución judicial (sentencia) o, cuando lo sea en el convenio regulador homologado por la autoridad judicial o elevado a escritura pública ante notario, **deberá fijarse** tanto la periodicidad, la forma de pago, las bases para actualizar la pensión, la duración o el momento de cese y las garantías para su efectividad (artículo 97 del Código Civil).

CUESTIONES

1. En aquellos supuestos en los que, como consecuencia de ausencia de acuerdo, los cónyuges hayan procedido a la separación o el divorcio a través del trámite previsto en el artículo 770 de la LEC (procedimiento contencioso), ¿podrá el juzgador señalar de oficio el derecho a la pensión compensatoria?

No. Como ya hemos dicho, la pensión compensatoria se configura como un **derecho subjetivo sujeto a los principios generales de justicia rogada** puesto que, tal y como ya señalaba nuestro Tribunal Supremo en la doctrina sentada a este respecto en su **STS n.º 795/1987, de 2 de diciembre, ECLI:ES:TS:1987:8855, y reiterada en la STS n.º 562/2009, de 17 de julio, ECLI:ES:TS:2009:4821**: «(...) **"la ley no autoriza al juez a que señale tal pensión de oficio** y, en cambio, las partes pueden incluirla en el convenio regulador o pedirla en el procedimiento, demostrando la concurrencia de las circunstancias a que se refiere el art. 97 del Código Civil (desequilibrio en relación con la posición del otro, empeoramiento respecto a su situación anterior en el matrimonio)", razón por la que, sigue diciendo, "es claro que no nos encontramos ante norma de derecho imperativo, sino ante otra de derecho dispositivo, que puede ser renunciada por las partes, no haciéndola valer", con la consecuencia de que la renuncia a la pensión hecha por ambos cónyuges de común acuerdo en convenio regulador o la ausencia de petición expresa por la parte interesada en su demanda de separación o divorcio, impiden su estimación por el tribunal».

2. ¿Podrá solicitarse la pensión compensatoria después de haber recaído sentencia de divorcio?

No. Es doctrina jurisprudencial reiterada la que establece que no es posible una reclamación del derecho a la pensión compensatoria independiente de la acción principal, que es el divorcio, y que de no ser así, tal derecho habrá precluido, pues es en este momento y no en otro posterior, en el que se debe hacer valer el desequilibrio económico (STS n.° 377/2016, de 3 de junio, ECLI:ES:TS:2016:2574, entre otras).

Distinto es el supuesto de la separación. Así, entendemos que el cónyuge que **reservó** en el procedimiento de separación **su derecho a reclamarlo en uno posterior** (que lógicamente será el procedimiento de divorcio) sí podrá ejercitar el derecho a la pensión compensatoria. (STS n.° 10/2010, de 9 de febrero, ECLI:ES:TS:2010:292).

¿Se puede renunciar a la pensión compensatoria?

|| Renuncia tácita a la pensión compensatoria

Como ya hemos visto, no existe ninguna duda respecto a la posibilidad de renuncia a la pensión compensatoria en el curso de un procedimiento de divorcio o separación, dado que para que ello ocurra, **será suficiente el hecho de que ninguna de las dos partes reclame su derecho a ella**. En este sentido, cabe destacar la **sentencia del Tribunal Supremo n.° 9/2018, de 10 de enero, ECLI:ES:TS:2018:3**, que señala lo siguiente:

> «La sentencia de esta sala de 25 de marzo de 2014, al referirse a la pensión compensatoria del artículo 97 del CC, afirma que se trata de un derecho subjetivo sujeto a los principios generales de **justicia rogada y del principio dispositivo formal** puesto que, según afirma la sentencia de 2 de diciembre de 1987: "La ley no autoriza al juez a fijar tal pensión de oficio y, en cambio, las partes pueden incluirla en el convenio regulador o pedirla en el procedimiento, demostrando la concurrencia de las circunstancias a que se refiere el artículo 97 del CC (desequilibrio en relación con la posición del otro, empeoramiento respecto a su situación anterior en el matrimonio)", razón por la que, sigue diciendo, **"es claro que no nos encontramos ante norma de derecho imperativo, sino ante otra de derecho dispositivo, que puede ser renunciada por las partes, no haciéndola valer"**».

|| Renuncia expresa a la pensión compensatoria

También podremos efectuar expresa renuncia a la pensión compensatoria a través del convenio regulador formalizado por las partes. En este extremo cabe recordar que el apartado 90.2 del Código Civil estipula, como requisito general para la aprobación del convenio regulador, que este no sea gravemente perjudicial para uno de los cónyuges:

> «2. Los acuerdos de los cónyuges adoptados para regular las consecuencias de la nulidad, separación y divorcio presentados ante el órgano judicial serán aprobados por el juez salvo si son dañosos para los hijos o gravemente perjudiciales para uno de los cónyuges.
>
> (...)

Cuando los cónyuges formalizasen los acuerdos ante el Letrado de la Administración de Justicia o Notario y estos considerasen que, a su juicio, alguno de ellos pudiera ser dañoso o gravemente perjudicial para uno de los cónyuges o para los hijos mayores o menores emancipados afectados, lo advertirán a los otorgantes y darán por terminado el expediente. En este caso, los cónyuges solo podrán acudir ante el juez para la aprobación de la propuesta de convenio regulador».

Si bien, debe insistirse en que la pensión compensatoria se rige por las reglas generales de la justicia rogada y del principio dispositivo formal, circunstancia que nos lleva a entender que no plantea duda alguna la posibilidad de que los cónyuges renuncien a la pensión compensatoria constante el procedimiento de disolución del matrimonio. Sin embargo, llegados a este punto, procede preguntarse **qué ocurriría en caso de que los cónyuges hubieran pactado en acuerdo prematrimonial la renuncia o el reconocimiento del derecho a la pensión compensatoria para el caso de crisis matrimonial.**

A este respecto, debemos estar a la doctrina sobre la validez de los pactos prematrimoniales y de los límites de los mismos, recogida en la **sentencia del Tribunal Supremo n.º 392/2015, de 24 de junio, ECLI:ES:TS:2015:2828**, de acuerdo con la cual, **no existe prohibición legal frente a los denominados pactos prematrimoniales, si bien, no pueden resultar contrarios a la ley, la moral o al orden público ni causar perjuicio a terceros.**

Además, aun partiendo de la libertad de pacto entre los cónyuges (artículo 1255 del Código Civil: «los contratantes pueden establecer los pactos, cláusulas y condiciones que tengan por conveniente, siempre que no sean contrarios a las leyes, a la moral ni al orden público»), han de respetarse ciertos límites que no son solo los del artículo 1328 del Código Civil: «será nula cualquier estipulación contraria a las Leyes o a las buenas costumbres o **limitativa de la igualdad de los derechos que corresponda a cada cónyuge», sino también «la protección de la igualdad de los cónyuges»** y como requisito general para los convenios reguladores, aplicable por analogía, que para su aprobación no sean gravemente perjudiciales para uno de los cónyuges (artículo 90.2 del Código Civil).

Esto es, a la hora de examinar la validez de un acuerdo prematrimonial a través del cual las partes pactan la renuncia o el reconocimiento del derecho a la pensión compensatoria para el caso de crisis matrimonial, habrá de examinar que, en atención a las circunstancias concurrentes en el caso concreto, dicho acuerdo:

a) No resulte contrario al orden público.

b) Respete el derecho a la libertad, dignidad e igualdad de cónyuges (artículos 14, 17 y 19 de la Constitución Española).

A modo ilustrativo cabe traer a colación la **sentencia del Tribunal Supremo n.º 315/2018, de 30 de mayo, ECLI:ES:TS:2018:1925**, en la que la sala examina la renuncia a la pensión compensatoria. El caso de autos versa sobre un matrimonio celebrado en 2009 y cuya duración total fue de seis años, tras una convivencia previa de tres años y con **firma de pacto prematrimonial por el que renunciaban a la percepción de pensión compensatoria tres meses antes de la celebración del matrimonio.**

Tras el examen de las concretas circunstancias del caso objeto de autos, deduce la sala su **validez** entendiendo que la libertad, dignidad e igualdad de los cónyuges ha quedado preservada, justificando tal extremo en base a lo siguiente:

> «(...) no puede deducirse atentado alguno a la igualdad, libertad o dignidad de Dña. Gloria, por el hecho de firmar pactos prematrimoniales, dado que lejos de percibirse un sometimiento al esposo o predominio del marido, lo que se evidencia es una **relación de confianza en el que la esposa resulta beneficiaria de prestaciones, se acoge a su hija, se firman los pactos con suficiente antelación con respecto al matrimonio, por lo que tampoco pueden considerarse sorpresivos y una relación matrimonial no extensa temporalmente pero tampoco fugaz**».

Por su parte, la sentencia del Tribunal Supremo n.º 362/2023, de 13 de marzo, ECLI:ES:TS:2023:879, en un caso en que se pactó en escritura pública de capitulaciones previas al matrimonio que «en caso de disolución, divorcio o nulidad del matrimonio proyectado nada se reclamarán el uno al otro por ningún concepto o acción que pudiera generarse por razón del matrimonio, la convivencia, gastos, bienes, derechos u obligaciones matrimoniales, independientemente de la cuantía de los ingresos de cada uno de ellos».

Si bien, la exesposa entiende, al igual que el exesposo, que los términos acordados en la escritura de una renuncia tanto a la prestación por desequilibrio como a la compensación por el denominado trabajo para la casa, **pero argumenta la exesposa, que en este caso no rige la renuncia acordada porque, al no haberse dado la contribución paritaria en el cuidado del hijo, no se dan las condiciones y circunstancias pactadas en las capitulaciones**. Partiendo de este presupuesto, la sentencia recurrida analiza si concurren los requisitos para reconocer la prestación por desequilibrio y la compensación por el trabajo para la casa, entiende que sí, y condena al exesposo a pagar por los dos conceptos.

Así, el Tribunal Supremo señala:

> «El recurso de casación va a ser estimado porque la argumentación de la sentencia recurrida dirigida a privar de eficacia a la renuncia incorporada a las capitulaciones matrimoniales no es correcta.
>
> La jurisprudencia de la sala ha venido admitiendo con amplitud el juego de la autonomía de la voluntad en el ámbito de las relaciones económicas entre las personas casadas, a las que se reconoce el poder de autorregulación de sus propios intereses cuando se trata de materias disponibles. Ello de conformidad con el principio de libertad contractual (art. 1255 CC) y la libertad de contratación entre los esposos, que desde 1981 consagra el art. 1323 CC, en la línea con los principios constitucionales de libertad art. 1 CE), igualdad (art. 14 CE) y libre desarrollo de la personalidad (art. 10). Con carácter general, además de las sentencias citadas por el recurrente, la sala ha dictado otras que han reconocido la validez y eficacia de pactos entre los esposos o entre los futuros esposos. Entre las más recientes, las sentencias 428/2022, de 30 de mayo, 315/2022, de 20 de abril, 130/2022, de 21 de febrero, y 59/2022, de 31 de enero, y las que se citan en ellas.

> En el caso que debemos resolver, la renuncia por los futuros esposos a los derechos y acciones que pudieran corresponderles en el momento de divorcio se introdujo de manera preventiva en unas capitulaciones matrimoniales, junto al contenido típico referido al establecimiento de un régimen económico matrimonial de separación de bienes (art. 1325 CC)».

Asimismo, y en el análisis respecto a si el pacto prematrimonial resulta contrario al orden público justifica la sala que la **formación, edad, escasa duración del matrimonio, ausencia de descendencia común**, posibilitan un desenvolvimiento de ella que posibilitan un marco económico fluido, por lo que no consta alteración del orden público.

A TENER EN CUENTA. Dichos pactos pueden resultar contrarios al orden público si cuando se firman, se somete a alguna de las partes a una situación de previsible precariedad.

3.
CUANTÍA DE LA PENSIÓN COMPENSATORIA

Tal y como ya hemos puesto de manifiesto en el punto relativo a «la pensión compensatoria en caso de separación o divorcio», las circunstancias recogidas en el artículo 97 del Código Civil operan, tanto, como criterios determinantes de la existencia del desequilibrio, así como, **módulos operantes en relación con la cuantificación del montante económico** de la pensión compensatoria (STS n.º 100/2020, de 12 de febrero, ECLI:ES:TS:2020:445, entre otras).

Así pues, a falta de acuerdo de los cónyuges y una vez determinada la procedencia del nacimiento del derecho a la pensión compensatoria a favor de uno de ellos con cargo al otro, **el tribunal determinará su importe teniendo en cuenta las siguientes circunstancias**:

- Los acuerdos a que hubieran llegado los cónyuges.
- La edad y el estado de salud.
- La cualificación profesional y las probabilidades de acceso a un empleo.
- La dedicación pasada y futura a la familia.
- La colaboración con su trabajo en las actividades mercantiles, industriales o profesionales del otro cónyuge.
- La duración del matrimonio y de la convivencia conyugal.
- La pérdida eventual de un derecho de pensión.
- El caudal y los medios económicos y las necesidades de uno y otro cónyuge.
- Cualquier otra circunstancia relevante.

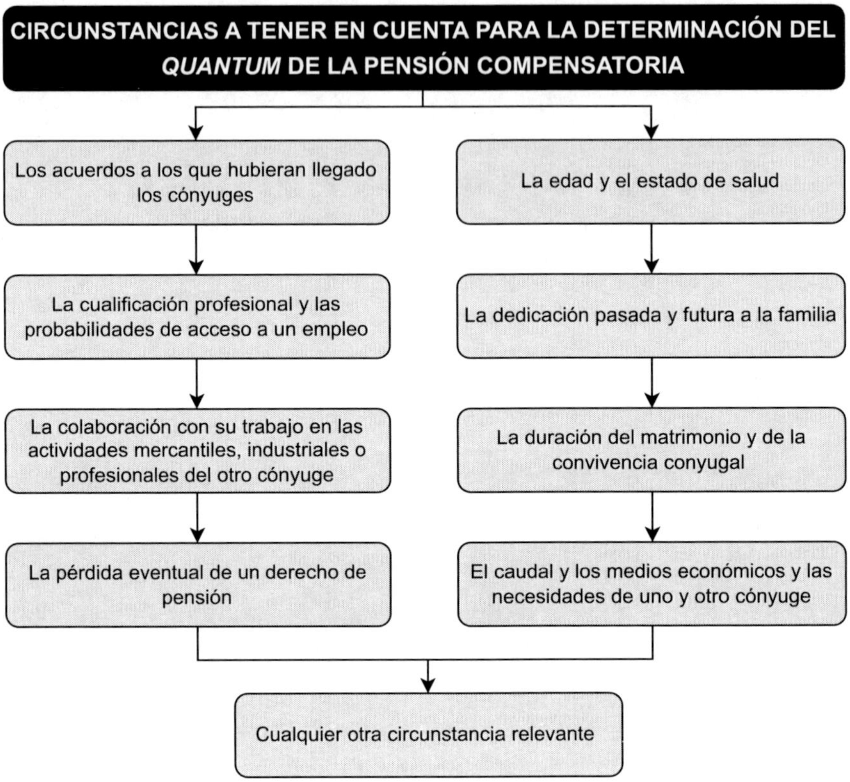

Conforme a lo expuesto, a falta de acuerdo de los cónyuges, el juzgador, una vez apreciado el desequilibrio, deberá llevar a cabo un **juicio prospectivo** (valoración de las circunstancias del artículo 97 del Código Civil tales como la dedicación familiar, la duración del matrimonio...) **a efectos de determinar, conforme las circunstancias que en cada caso concreto resulten de la valoración de la prueba, la cuantía de la pensión compensatoria**.

A salvo de los parámetros antedichos, no existe un criterio jurisprudencial o un mecanismo de modulación concreto que facilite la tarea de determinación de la cuantía, sino que el juzgador, en ese juicio prospectivo, deberá estimar, a su prudente arbitrio, la cuantía procedente. Si bien podemos traer a colación, a modo ilustrativo, la **STS n.º 555/2018, de 9 de octubre, ECLI:ES:TS:2018:3427**, en el que la sala desestima el recurso de casación interpuesto por el cónyuge que, con cita a varias sentencias de la sala, niega que exista desequilibrio económico tras la ruptura matrimonial, pese a la disparidad de ingresos entre ambos cónyuges pues, según alega el recurrente, la esposa nunca había trabajado ni habría sufrido una pérdida de expectativas, por lo que la ruptura no habría supuesto ningún perjuicio.

En el caso (fijación de pensión compensatoria en la cantidad de 100 euros mensuales sin límite temporal) consideran los magistrados del Alto Tribunal que fue realizado un **juicio prospectivo razonable, lógico y prudente, que se adecua a la edad de la beneficiaria y recursos económicos del matrimonio**, especialmente de la solicitante del derecho y a la posible dificultad de rehacer esta su vida laboral (esposa de 63 años, sin trabajo cuando contrajo matrimonio dos años antes, momento en el que dejó de percibir la pensión compensatoria en cantidad de 200 euros que venía recibiendo de su anterior marido y, en cuanto al obligado al pago, esposo de 69 años que percibe una pensión de 624 euros al mes, y que ocupa una vivienda recibida por herencia pendiente de división); aunque la duración del matrimonio fue breve, supuso para la esposa la pérdida de los únicos recursos que tenía, lo que se debe valorar.

Por su parte, la **STS n.º 100/2020, de 12 de febrero, ECLI:ES:TS:2020:445**, acoge el recurso formulado por la parte actora, solicitante, entre otras cuestiones, del derecho a la percepción de una pensión compensatoria con cargo al otro cónyuge en un procedimiento de divorcio contencioso, derecho estimado por el juzgado de instancia pero revocado por la audiencia. Por su parte, el Alto Tribunal, poniendo en relación la edad con la que contaba la demandante (43 años), con la duración de la convivencia (13 años), y la dedicación pasada y futura a la familia por parte de la actora, que había centrado su atención en el cuidado de los hijos comunes, habiendo solicitado a tal efecto una disminución de la jornada laboral de dos horas, estima el derecho de la demandante a la percepción de la pensión compensatoria fijando su cuantía en 700 euros (aproximadamente el 11 % de los ingresos del cónyuge deudor, teniendo en cuenta que la actora ingresaba unos 1.300 euros mensuales y que el cónyuge obligado al pago alcanzaba la cantidad de 6.626,59 euros con la obligación de abonar a los hijos una pensión de alimentos de 1.100 euros mensuales).

Como vemos, el tribunal a la hora de cuantificar la debida prestación debe tener en cuenta también las cargas que debe soportar el obligado al pago (tales como la pensión de alimentos en el caso de autos anterior), así como cualquier otra, como puede ser el pago de la hipoteca que grava la vivienda familiar, pago de un local, alquiler de vivienda o cualquier otra carga de carácter semejante que este deba de satisfacer. En este sentido, se pronuncia, entre otras, la **Audiencia Provincial de Granada que, en su sentencia n.º 246/2009, de 22 de mayo, ECLI:ES:APGR:2009:737**, desestima el recurso de apelación en el que se discute por la demandante la cuantificación de la pensión compensatoria que la sentencia objeto de recurso fijaba en 150 euros mensuales:

> «(...) aunque sus ingresos brutos pudieran ser superiores, **ha de tenerse en cuenta que de los mismos debe descontarse la renta que tiene que pagar por el local y la vivienda que debera alquilar**, pues de no entenderlo así con dichos conceptos ya se consumirían en su totalidad tales ingresos».

A TENER EN CUENTA. A mayor abundamiento, el análisis del juicio prospectivo permitirá, no solo prever la cuantía en que habrá de fijarse la pensión compensatoria sino también **si procede establecer dicha pensión con carácter temporal o, por el contrario, con carácter indefinido**. Siendo interesante destacar en este aspecto la precisión realizada respecto de las circunstancias que señala el 97 del Código Civil por los magistrados de la Sala de la Audiencia Provincial de Ourense en su sentencia n.º 232/2017, de 16 de junio, ECLI:ES:APOU:2017:406:

«Aunque el precepto comentado establezca, con carácter enunciativo, una serie de circunstancias que deben tenerse en consideración para determinar el importe de la compensación, existen elementos que parecen que influyen en la fijación de la cuantía (pérdida de un derecho de pensión, los medios económicos de que dispongan), mientras que otros tendrán una mayor influencia en la forma de pago, bien sea indefinido, temporal o único (edad, estado de salud, cualificación profesional, posibilidad de acceso a un empleo)».

CUESTIONES

1. ¿Cabe recurrir en casación la cuantía establecida para la pensión compensatoria por disconformidad en su cuantificación?

No. Es reiterada la jurisprudencia de la Sala del Tribunal Supremo la que establece que **la disconformidad con la cuantía de la pensión compensatoria no justificará el interés casacional**. En este sentido encontramos el **auto dictado por la Sala del Tribunal Supremo, rec. 1344/2016, de 20 de diciembre de 2017**, ECLI:ES:TS:2017:11847A:

«(...) la determinación de la cuantía concreta de la pensión compensatoria, una vez apreciado el desequilibrio y realizado el juicio prospectivo —que en este caso lleva a la audiencia provincial a no fijar limitación temporal— depende de las circunstancias que en cada caso resultan de la valoración de la prueba practicada en la instancia y de las sentencias de esta sala que invoca la parte recurrente no resulta la oposición a la doctrina jurisprudencial que justifique el interés casacional en la revisión de la determinación del quantum de la pensión compensatoria que fija la sentencia recurrida en función de las circunstancias acreditadas como resultado de la valoración de la prueba. La recurrente pretende una tercera instancia, para obtener un resultado más acorde a sus intereses, sin que la sentencia recurrida se oponga a la sentencia de esta sala que citada para fundar el interés casacional».

2. ¿Puede concederse una cuantía de pensión compensatoria superior a la solicitada en la demanda? ¿Podrá modificarse la cuantía de esta solicitud en el recurso de apelación?

No. Se pronuncia a este respecto la **Sala de la Audiencia Provincial de Barcelona señalando en su sentencia n.º 234/2008, de 2 de abril**, ECLI:ES:APB:2008:3842, conforme sigue: «En cuanto a la cuantía de la pensión compensatoria fijada en la sentencia de 1.ª instancia a favor de la actora, debe tenerse en cuenta que se ha cifrado en 300 euros al mes, que es la misma cifra que se solicitó por esta en su demanda, sin que en otro momento posterior se modificara tal petición, de manera que **tratándose de un derecho dispositivo y renunciable**, por lo que **no puede concederse si no se ha solicitado, ni puede otorgarse en cuantía superior a la solicitada en el momento en que quedan fijados los términos del debate**, es por lo que no puede en este momento del recurso de apelación solicitarse ex novo una nueva cantidad, superior a la solicitada en el momento procesal oportuno, en la demanda, por lo que debe desestimarse tal petición».

Por último, cabe advertir que la cuantía fijada en concepto de pensión compensatoria **no será estática, sino que esta será actualizable** conforme a las condiciones fijadas en la resolución judicial o en el convenio regulador formalizado ante el letrado de la Administración de Justicia o el notario (artículo 97 in fine del Código Civil). Tampoco producirá su cuantificación efecto de cosa juzgada material, ya que tanto la existencia de la pensión compensatoria como su cuantía son susceptibles de modificación por hechos posteriores, como prevén los artículos 100 y 101 del Código Civil.

A modo de ejemplo, cabe traer a colación, la **sentencia del Tribunal Supremo n.º 810/2021, de 25 de noviembre, ECLI:ES:TS:2021:4269**, en la que se rebaja una pensión compensatoria de 2.000 euros a 1.000 euros, ya que no se ha tomado en consideración para su establecimiento, que los cónyuges se repartieron, producida la separación y antes de la presentación de la demanda de divorcio, algunos bienes, entre los que se encontraba el dinero de una cuenta bancaria, correspondiendo a la demandante una importante suma de dinero que, como dice el recurrente, equivaldría a un sueldo de más de 4.000 euros mensuales durante 10 años. El recurrente ha reiterado que, además, quedan por liquidar inmuebles por un valor cercano al millón de euros, lo que la demandante no ha negado por lo que:

> «**La atribución en plena propiedad de un patrimonio importante es un elemento objetivo y cierto que es relevante a efectos de ponderar el alcance de la situación de desequilibrio que la ruptura ha generado en la esposa y las posibilidades de superarlo y que, sin embargo, no ha sido tenido en cuenta por la sentencia recurrida para ponderar ni la cuantía de la pensión** ni su duración temporal.
>
> Junto a ello hay otros factores que la sentencia recurrida no ha ponderado de manera proporcional a las circunstancias acreditadas.
>
> La ruptura, sin duda, ha producido a la actora un desequilibrio económico en atención al largo periodo de tiempo durante el que dejó de trabajar fuera de casa (transcurridos unos años desde la celebración del matrimonio, incluidos periodos en los que han residido fuera de España), con todo lo que conlleva de falta de desarrollo profesional e integración y formación laboral. Sin embargo, no resulta razonable entender que la única forma de compensar el perjuicio o desequilibrio económico derivado de la crisis conyugal es una pensión indefinida como solicita la demandante y ha reconocido la Audiencia. La demandante no es una mujer de edad avanzada, carente de cualificación o formación; no ha colaborado nunca en la actividad laboral del marido; no padece enfermedades, no tiene una salud precaria o delicada ni ningún tipo de discapacidad. En el futuro tampoco se ve sujeta al cuidado de hijos con necesidades especiales, de modo que no resulta utópico que pueda prescindir de la pensión y obtener sus propios ingresos económicos, gestionar autónomamente sus oportunidades e independizarse económicamente de quien fuera su marido. En este caso no nos encontramos ante una situación semejante a las valoradas en otras sentencias como merecedoras de una pensión indefinida por carecer la esposa de todo tipo de expectativas laborales (sentencias 245/2020, de 3 de junio, 418/2020, de 13 de julio, y 549/2020, de 22 de octubre)».

CUESTIÓN

¿Puede modificarse al alza la pensión compensatoria?

Sí, la sentencia de la **Audiencia Provincial de Granada en su sentencia n.º 75/2013, de 15 de febrero, ECLI:ES:APGR:2013:2103**, señala hay excepciones en las que la pensión compensatoria puede modificarse para aumentar la misma, bien porque así lo hayan pactado los cónyuges en el convenio regulador, bien porque con posterioridad afloran recursos, existentes al tiempo de fijarla, pero que no se tuvieron en cuenta al establecerse la pensión, o, porque no llegó a corregirse el desequilibrio, por circunstancias de carácter transitorio, y así se refleje explícitamente en la sentencia.

4.
MODALIDADES DE PAGO DE LA PENSIÓN COMPENSATORIA

De acuerdo con el **artículo 97 del Código Civil**:

> «El cónyuge al que la separación o el divorcio produzca un desequilibrio económico en relación con la posición del otro, que implique un empeoramiento en su situación anterior en el matrimonio, **tendrá derecho a una compensación que podrá consistir en una pensión temporal o por tiempo indefinido**, o en una prestación única, según se determine en el convenio regulador o en la sentencia».

Los tribunales para establecer si la pensión compensatoria tendrá **carácter indefinido o temporal** tendrán en cuenta, entre otras, las siguientes circunstancias:

- El desequilibrio económico.
- El empeoramiento de su situación anterior con el matrimonio.
- La edad de los excónyuges.
- Cualificación profesional.
- La duración del matrimonio.
- El caudal y medios económicos y las necesidades de uno y otro.

De manera que, tras la reforma del precitado artículo 97 del Código Civil por la Ley 15/2005, de 8 de julio, las modalidades de pago de la pensión compensatoria no se reducen ya a unas prestaciones periódicas, sustituibles conforme a lo establecido en el artículo 99 del Código Civil, o a una prestación única, sino que establece la posibilidad, que ya había sido reconocida por la jurisprudencia con anterioridad, de conceder prestaciones periódicas sometidas a término.

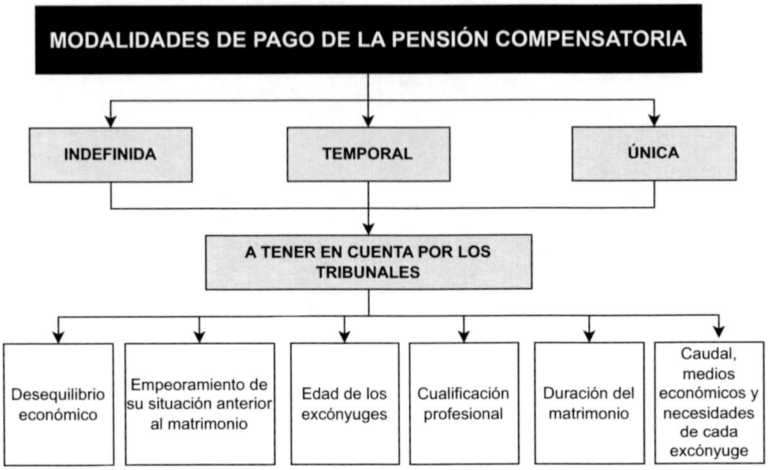

Pensión compensatoria indefinida

Como ya se ha explicado anteriormente, la pensión compensatoria es una cantidad de dinero a la que tiene derecho uno de los cónyuges, como consecuencia del desequilibrio económico producido a causa de la ruptura matrimonial. **La pensión compensatoria indefinida no tiene establecido un límite de tiempo para la finalización del derecho a percibir la misma.**

La pensión compensatoria con carácter indefinido está prevista mayoritariamente **para los casos en los que el cónyuge con derecho a percibirla no tenga posibilidad**, en un principio, **de superar en un tiempo determinado el desequilibrio que generó la ruptura matrimonial.**

En este sentido, la **sentencia del Tribunal Supremo n.º 545/2017, de 6 de octubre, ECLI:ES:TS:2017:3475**, afirma que «el argumento utilizado por la Audiencia al destacar los escasos ingresos del esposo puede servir para adecuar la cuantía de la pensión mensual, como hizo la sentencia impugnada fijándola en 100 euros mensuales, pero no para fijar un límite temporal cuando no existen perspectivas de que la ahora recurrente pueda restablecer el equilibrio por sus propios medios, pues incluso en el supuesto de que pudiera continuar prestando servicio de limpieza en domicilios particulares el desequilibrio existiría, lo que impide aceptar las conclusiones a que llegó la Audiencia y lleva a establecer por ahora la pensión con carácter indefinido».

De manera que, **cuando no exista la convicción por parte del tribunal de que el excónyuge acreedor de la pensión compensatoria pueda superar en un tiempo determinado el desequilibrio económico, lo oportuno es el establecimiento de la pensión compensatoria con carácter indefinido.**

Asimismo, **pensión compensatoria indefinida no es sinónimo de pensión compensatoria vitalicia**, pues la misma podrá extinguirse o modificar su temporalidad en los supuestos previstos en los artículos 99 a 101 del Código Civil.

En cuanto a la **previsión de modificación contemplada en el artículo 100 del Código Civil,** parece estar pensada exclusivamente para las modificaciones de cuantía de la pensión compensatoria pero, una vez producida la modificación del artículo 97 del Código Civil por la Ley 15/2005, de 8 de julio, y admitida la fijación de una pensión temporal, **no debe haber inconveniente para interpretar dicho precepto de modo que permita la conversión de una pensión compensatoria indefinida en temporal (sentencia del Tribunal Supremo n.º 391/2017, de 20 de junio, ECLI:ES:TS:2017:2505)**.

En último extremo, cabe traer a colación la **sentencia del Tribunal Supremo n.º 838/2022, de 28 de noviembre, ECLI:ES:TS:2022:4425**, que es bastante clara, con respecto a cómo valorar los elementos para el límite temporal de la pensión compensatoria.

La citada sentencia analiza la demanda de divorcio en la que, entre otras medidas se instó la fijación de una pensión compensatoria por importe de 1.500 euros mensuales con carácter vitalicio. El demandado, si bien aceptó el establecimiento de una pensión de tal clase, interesó que su cuantía se estableciera en la suma de 1.000 euros al mes, con una limitación temporal de dos años, por considerar que tal plazo era suficiente para compensar el desequilibrio económico que el divorcio causaba.

En este caso la recurrente cuenta con 55 años y tampoco goza de una especial cualificación profesional. Sus conocimientos fueron adquiridos hace más de veinte años (formación profesional en la rama administrativa) por lo que se encuentran obsoletos. La demandante, dejo su empleo poco después de contraer matrimonio para dedicarse a la familia y no ha vuelto a trabajar.

Con tales mimbres, **«el pronóstico de reinserción profesional para superar el desequilibrio es poco halagüeño»**. Incluso, así cabe deducirlo de las resoluciones dictadas por los tribunales de instancia, cuando han fijado unos plazos de duración de la pensión, por parte del juzgado, de doce años; y de ocho, por la audiencia. La liquidación futura del haber ganancial, tampoco, permite realizar el necesario juicio prospectivo, necesariamente prudente y cualificado, de superación temporal del desequilibrio, dado que el patrimonio común no es importante, y el uso de la vivienda familiar está anudado a la independencia económica de los hijos.

Todo ello, sin perjuicio, claro está, que, de acceder la actora al mundo laboral, lo que tampoco se puede descartar, pues posibilidades siempre existen, se solicite la modificación de la cuantía o incluso la extinción de la pensión, a tenor de lo dispuesto en los arts. 100 y 101 del Código Civil, por cambio de las circunstancias actualmente concurrentes. Ahora bien, en el contexto expuesto, un límite temporal no se concilia con los requisitos antes reseñados, lo que conduce a que el recurso deba estimarse.

En el marco la casuística jurisprudencial, recuerda el TS, se fijó la pensión compensatoria, sin limitación temporal, en la **STS n.º 418/2020, de 13 de julio de 2020, ECLI:ES:TS:2020:2679,** bajo los condicionantes siguientes:

> «Pues bien, en el caso presente, siguiendo pautas y criterios de prudencia, no apreciamos concurra una alta probabilidad para que la demandada recurrente, en el plazo de tiempo fijado por la sentencia recurrida de tres

años, pueda encontrar un empleo estable; más bien todo conduce a considerar, en ausencia de otros elementos de juicio, poco halagüeñas las probabilidades de integración en el mundo laboral; toda vez que cuenta con más de 55 años de edad, perteneciendo, en consecuencia, a un colectivo en el que se centra el mayor número de parados de larga duración y tasas de desempleo más elevadas, así como la falta de actualización de sus conocimientos, tras no haberse dedicado a actividad profesional alguna en los últimos 25 años, si dejamos a salvo un lapso temporal de unos días. Es más cuando se intentó incorporar, en el año 2014, al mundo laboral tan sólo lo logró por tan escaso periodo de tiempo. Las dificultades de reciclaje profesional, preparándose para el ejercicio de otra profesión o empleo, tampoco gozan de probabilidad razonable de éxito dado el actual mercado laboral [...]».

Pensión compensatoria temporal

La fijación temporal de la pensión ha de partir de la convicción del tribunal de que, dentro del plazo fijado, se ha de poder restaurar el equilibrio por los propios medios del cónyuge beneficiario. Cuando no existe tal convicción lo oportuno es el establecimiento de la pensión con carácter indefinido, como ya hemos señalado en el punto anterior.

Por lo tanto, de acuerdo con la **sentencia del Tribunal Supremo n.º 538/2017, de 2 de octubre, ECLI:ES:TS:2017:3379**, para otorgar una pensión compensatoria temporal **es necesario que el tribunal haga un juicio de prospección** en virtud del cual valore todas las circunstancias contempladas en el ya mencionado artículo 97 del Código Civil, **determine si se da o no una situación de idoneidad o actitud del cónyuge beneficiario de la pensión para superar el desequilibrio económico en un tiempo concreto y determinado**, alcanzando el tribunal, en su caso, la convicción de que no es preciso prolongar más allá del tiempo que se estime, la percepción de la pensión por la certeza de que va a ser factible en tal período temporal la supresión del desequilibrio.

Tal desequilibrio, de acuerdo con la doctrina del Tribunal Supremo, **implica un empeoramiento económico en relación con la situación existente constante matrimonio; que debe resultar de la confrontación entre las condiciones económicas de cada uno, antes y después de la ruptura**. El desequilibrio que debe compensarse debe tener su origen en la pérdida de derechos económicos o legítimas expectativas por parte del cónyuge más desfavorecido por la ruptura, a consecuencia de su mayor dedicación al cuidado de la familia, pero no persigue igualar economías dispares, ni equiparar económicamente los patrimonios de los cónyuges, sino remediar un agravio comparativo.

La fijación temporal de la pensión no es un imperativo legal. El artículo 97 del Código Civil la contempla como posibilidad, conforme a la Ley 15/2005, de 8 de julio, y esta norma prevé unas circunstancias determinantes de la cuantía a falta de acuerdo de los cónyuges (**sentencia del Tribunal Supremo n.º 323/2016, de 18 de mayo, ECLI:ES:TS:2016:2132**).

Por lo que, el establecimiento de un límite temporal para la percepción de la pensión compensatoria es una posibilidad del órgano judicial que permite atender a las posibilidades de superar el desequilibrio económico surgido a partir de una ruptura. La condición es que no se resienta la función es que no se resienta la función equilibradora, condición que obliga al órgano judicial, a la hora de optar por fijar un límite temporal, a atender a las específicas circunstancias del caso, particularmente aquellas que permitan valorar la idoneidad o aptitud para superar el desequilibrio económico.

Así, señala el **Tribunal Supremo en su sentencia n.° 810/2021, de 25 de noviembre, ECLI:ES:TS:2021:4269**:

> «El establecimiento de un límite temporal cuando se valore ex ante la posibilidad de que pueda reestablecerse el equilibrio exige tomar en consideración, entre otros, los factores que enumera el art. 97 CC, y que esta sala no ha considerado una lista cerrada.
>
> (...)
>
> En el caso, la sentencia recurrida, a pesar de considerarlo probado, no ha tomado en consideración que los cónyuges se repartieron, producida la separación y antes de la presentación de la demanda de divorcio, algunos bienes, entre los que se encontraba el dinero de una cuenta bancaria, correspondiendo a la demandante una importante suma de dinero que, como dice el recurrente, equivaldría a un sueldo de más 4.000 euros mensuales durante 10 años. El recurrente ha reiterado que quedan por liquidar inmuebles por un valor cercano al millón de euros, lo que la demandante ahora recurrida no ha negado, limitándose a criticar que, después de la sentencia de divorcio el exmarido resolviera el contrato de alquiler de una vivienda perteneciente a los dos para trasladarse él a vivir, con la consecuencia de privarle a ella de percibir la mitad del alquiler, cuestión que no es objeto de este pleito, y que en cualquier caso no desmiente las manifestaciones acerca de la existencia del patrimonio pendiente de liquidar además de lo ya repartido.
>
> La atribución en plena propiedad de un patrimonio importante es un elemento objetivo y cierto que es relevante a efectos de ponderar el alcance de la situación de desequilibrio que la ruptura ha generado en la esposa y las posibilidades de superarlo y que, sin embargo, no ha sido tenido en cuenta por la sentencia recurrida para ponderar ni la cuantía de la pensión ni su duración temporal.
>
> Junto a ello hay otros factores que la sentencia recurrida no ha ponderado de manera proporcional a las circunstancias acreditadas.
>
> La ruptura, sin duda, ha producido a la actora un desequilibrio económico en atención al largo periodo de tiempo durante el que dejó de trabajar fuera de casa (transcurridos unos años desde la celebración del matrimonio, incluidos periodos en los que han residido fuera de España), con todo lo que conlleva de falta de desarrollo profesional e integración y formación laboral. Sin embargo, no resulta razonable entender que la única forma de compensar el perjuicio o desequilibrio económico derivado de la crisis conyugal es una pensión indefinida como solicita la demandante y ha reconocido la Audiencia. La demandante no es una mujer de edad avanzada, carente de cualificación o formación; no ha colaborado nunca en la

actividad laboral del marido; no padece enfermedades, no tiene una salud precaria o delicada ni ningún tipo de discapacidad. En el futuro tampoco se ve sujeta al cuidado de hijos con necesidades especiales, de modo que no resulta utópico que pueda prescindir de la pensión y obtener sus propios ingresos económicos, gestionar autónomamente sus oportunidades e independizarse económicamente de quien fuera su marido. En este caso no nos encontramos ante una situación semejante a las valoradas en otras sentencias como merecedoras de una pensión indefinida por carecer la esposa de todo tipo de expectativas laborales (sentencias 245/2020, de 3 de junio, 418/2020, de 13 de julio, y 549/2020, de 22 de octubre).

Según resulta de la propia demanda, la separación se produjo, antes del dictado de la sentencia de divorcio, cuando llevaban diecinueve años casados y la esposa (nacida en 1968) tenía 49 años. No se discute su buena salud ni tampoco la ausencia de cualquier discapacidad y es evidente que, en atención a la edad de los hijos (nacidos en 2001 y 2006), la dedicación a su cuidado necesariamente será menor. No estamos ante un desequilibrio perpetuo e insuperable dada la formación elevada de la recurrente y su nivel de inglés, que ella califica como de obsoletos, pero que son susceptibles de actualización y adaptación a las demandas actuales de empleo en forma tal que la demandante pueda adecuadamente acceder a una situación económica autónoma e independiente de manera digna. Esta sala comparte el criterio del juzgado cuando señala en su sentencia que la demandante está altamente cualificada, realizó empleos retribuidos en diferentes sociedades mercantiles, el último de ellos en el 2006, tal y como consta en el certificado de vida laboral aportado, y se desconoce las preferencias marcadas en la oficina pública de empleo en la que se inscribió como demandante de empleo el 24 de julio de 2017, por lo que el que la alegación de que no ha recibido oferta de empleo durante ese tiempo no es un argumento definitivo de la imposibilidad de superación del desequilibrio causado por la ruptura».

El **Tribunal Supremo en su sentencia n.º 185/2022, de 3 de marzo, ECLI:ES:TS:2022:1045**, resuelve un recurso de casación que se funda en la infracción del artículo 97 del CC, pues, en este caso la recurrente sostiene que la audiencia ha establecido la temporalidad de su pensión compensatoria sin fundamentar de manera fehaciente la superación del desequilibrio, dejando al «futurismo o adivinación» las supuestas posibilidades de un futuro trabajo y que por ello debe descartarse la temporalidad de la pensión compensatoria.

¿Qué resuelve el Tribunal Supremo? La audiencia entiende que atendiendo a la edad de la recurrente esta aún puede encontrar un empleo remunerado y es en ello en lo que basa la temporalidad de la pensión compensatoria. Sin embargo, la audiencia dictó la sentencia cuando la recurrente tenía 61 años, y por ello, establece el TS:

«"(...) su integración en el mundo laboral es complicada, como es hecho notorio y resulta de los estudios estadísticos existentes al respecto [...]".

En este mismo sentido en la sentencia 418/2020, de 13 de julio, declaramos:

"Pues bien, en el caso presente, siguiendo pautas y criterios de prudencia, no apreciamos concurra una alta probabilidad para que la demandada recurrente, en el plazo de tiempo fijado por la sentencia recurrida de tres años, pueda encontrar un empleo estable; más bien todo conduce a considerar, en ausencia de otros elementos de juicio, poco halagüeñas las probabilidades de integración en el mundo laboral; toda vez que cuenta con más de 55 años de edad, perteneciendo, en consecuencia, a un colectivo en el que se centra el mayor número de parados de larga duración y tasas de desempleo más elevadas, así como la falta de actualización de sus conocimientos, tras no haberse dedicado a actividad profesional alguna en los últimos 25 años, si dejamos a salvo un lapso temporal de unos días. Es más cuando se intentó incorporar, en el año 2014, al mundo laboral tan sólo lo logró por tan escaso periodo de tiempo. Las dificultades de reciclaje profesional, preparándose para el ejercicio de otra profesión o empleo, tampoco gozan de probabilidad razonable de éxito dado el actual mercado laboral [...]".

Por lo tanto, en el dato de la edad no se puede apoyar de forma convincente la situación de idoneidad o aptitud de la recurrente para encontrar un empleo que le permita superar el desequilibrio económico. Y es que lo relevante no es, como dice la Audiencia, que por su edad pueda desarrollar un trabajo remunerado, lo que nadie niega, sino que, precisamente por ella, pueda encontrarlo. Por decirlo de forma breve. **La edad que tiene no juega a su favor, sino en su contra**».

Además, no se conocen de la recurrente en este caso, otros datos relativos a su formación, cualificación y experiencia profesional idóneos para integrar un perfil atractivo en el mercado laboral y, por lo tanto, capaces de compensar el efecto desfavorable de su edad, por lo que el Tribunal Supremo en este caso elimina la temporalidad de la pensión estableciendo la misma, ya que entiende, que no se pudieron hacer con los criterios necesarios de prudencia.

Pensión compensatoria única

La pensión compensatoria puede acordarse que se satisfaga a través de pagos periódico o a través de un pago único. Para el caso que se acuerde en un pago único, la misma se abonará por el cónyuge deudor en un único pago con una suma de dinero a tanto alzado.

Un ejemplo de pensión compensatoria única lo encontramos en la **sentencia del Tribunal Supremo n.° 142/2018, de 14 de marzo, ECLI:ES:TS:2018:942**, que reza como sigue:

«**La pensión por desequilibrio económico se fijó en la sentencia teniendo en cuenta el acuerdo alcanzado por ambos esposos en forma de indemnización en una sola entrega**, en ningún caso de forma periódica, y estaba dirigida a la compra de una determinada vivienda, es decir, vino a dar valor vinculante a este compromiso cuya extinción ahora pretende ("Se acuerde extinguir la obligación del demandante del pago de 86.000 euros para la adquisición de la vivienda que consta en la sentencia de divorcio", se dice en la demanda), siendo como es un derecho disponible, regido por el principio de la autonomía de la voluntad, que se hizo efectivo negociando y transigiendo en el marco de la adopción de las medidas que las partes consideraban mejor para el interés propio y el de los hijos en el caso de la ruptura conyugal, como es el caso.

Es decir, ambas partes en el ejercicio de sus propios derechos y obligaciones llegaron de forma negociada a la **fijación de una pensión consistente en una prestación de tracto único, que fue tenida en cuenta en la sentencia de divorcio para el pago de una vivienda que serviría de domicilio a la esposa e hijas**, y que configuró una obligación líquida, vencida, exigible e incluso ejecutada en procedimiento de familia 341/2014, seguido ante un juzgado de Talavera de la Reina, con oposición del ejecutado, que fue desestimada».

5. SUSTITUCIÓN DE LA PENSIÓN COMPENSATORIA: ARTÍCULO 99 DEL CÓDIGO CIVIL

La **posibilidad de sustitución de la pensión compensatoria** viene recogida en el artículo 99 del Código Civil en el que se contempla que, en cualquier momento, podrá convenirse la sustitución de la pensión fijada judicialmente o por convenio regulador formalizado conforme el artículo 97 del citado texto legal, **por la constitución de una renta vitalicia, el usufructo de determinados bienes o entrega de un capital en bienes o en dinero**.

> **A TENER EN CUENTA.** La sustitución solo podrá operar cuando lo que se ha convenido en el convenio regulador o bien en la sentencia sea una auténtica pensión compensatoria y no una cantidad determinada.

Por lo tanto, la forma habitual del pago de la pensión compensatoria es a través de pagos periódicos en dinero. Sin embargo, se prevé la posibilidad de que, en cualquier momento, pueda convenirse la sustitución de la pensión fijada judicialmente o por convenio regulador con alguna de las siguientes posibilidades:

- **Constitución de una renta vitalicia**: de acuerdo con el artículo 1802 del Código Civil, el contrato aleatorio de renta vitalicia obliga al deudor a pagar una pensión o redito anual durante la vida de una o más personas determinadas por un capital en bienes muebles o inmuebles, cuyo dominio se le transfiere desde luego con la carga de la pensión.
- **Usufructo de determinados bienes**: en atención al artículo 467 del Código Civil, el usufructo da derecho a disfrutar los bienes ajenos con la obligación de conservar su forma y sustancia, a no ser que el título de su constitución o la ley autoricen otra cosa.
- **Entrega de un capital en bienes o en dinero**: por ejemplo, en un primer momento se fija judicialmente una pensión compensatoria vitalicia a favor de la esposa, si bien dicha pensión se paga de una sola vez capitalizándola mediante la adjudicación a la esposa de un bien inmueble.

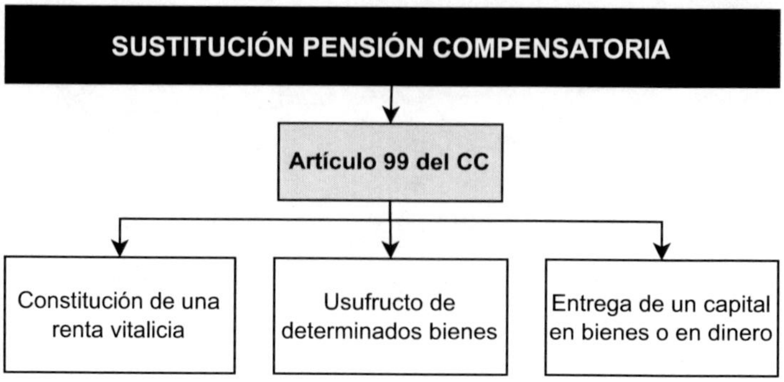
SUSTITUCIÓN PENSIÓN COMPENSATORIA
Artículo 99 del CC
Constitución de una renta vitalicia
Usufructo de determinados bienes
Entrega de un capital en bienes o en dinero

6. ACTUALIZACIÓN DE LA PENSIÓN COMPENSATORIA

El **Código Civil**, en el último párrafo del **artículo 97**, prevé la actualización de la pensión compensatoria: «**en la resolución judicial o en el convenio regulador formalizado ante el letrado de la Administración de Justicia o el notario se fijarán** la periodicidad, la forma de pago, **las bases para actualizar la pensión**, la duración o el momento de cese y las garantías para su efectividad».

No obstante, el Código Civil **no prevé la actualización de la pensión compensatoria en función de la situación económica** de los cónyuges, sino que, **para actualizarla, habrá que atender a lo pactado en el convenio regulador o a lo fijado por el juez en la sentencia.**

Su actualización solo será posible en los casos en los que la pensión consista en una prestación periódica (indefinida o temporal).

En este sentido, es interesante la **sentencia de la Audiencia Provincia de Barcelona, rec. 674/2003, de 28 de noviembre, ECLI:ES:APB:2003:7165**, ya que en ella se desestima la demanda de modificación de medidas en la que la exesposa alega que en el convenio regulador no se había fijado una cláusula de actualización conforme a la evolución del índice de precios al consumo y como consecuencia el poder adquisitivo de la cantidad establecida en su momento se había reducido con toda evidencia. Por su parte, la audiencia señala que, **si no se hubiera fijado ninguna cláusula de actualización en el convenio, podría considerarse la posibilidad de incrementar la pensión**, pero el convenio ya había establecido una previsión de actualización de la pensión compensatoria, pues se estableció que las cantidades fijadas en concepto de pensión de alimentos representaban el 40 por ciento del salario neto del marido. Por tanto, en este caso **no se puede pretender que se modifique el convenio por que en el mismo ya se estableció una cláusula para actualizar la pensión compensatoria**.

CUESTIONES

1. En los casos en los que no haya acuerdo entre los excónyuges en el procedimiento de actualización de la pensión compensatoria, ¿de qué modo se llevará a cabo la misma?

Cuando no exista acuerdo será el/la juez/a quien fijará las bases para la actualización de la pensión compensatoria. La doctrina generalmente establece como criterio de actualización el incremento anual del IPC (Índice de Precios al Consumo). En este sentido, la **Audiencia Provincial de Jaén en su sentencia n.º 233/2003, de 23 de septiembre, ECLI:ES:APJ:2003:1205**, determina que «habrá de suplirse la ausencia en el sentido de que la pensión compensatoria fijada, se actualizará anualmente conforme a las variaciones que sufra el índice de precios al consumo que oficialmente se determine».

2. ¿Qué ocurre si el IPC es negativo?

Para dar respuesta a esta cuestión es interesante hacer referencia **al auto de la Audiencia Provincial de Granada n.º 70/2020, de 22 de mayo, ECLI:ES:APGR:2020:546A**, que reza:

«Dicho lo cual, en el presente caso, la estipulación cuarta del convenio regulador aprobado en sentencia, se dice: esta cantidad se adaptará anualmente conforme a las variaciones que experimente el índice de precios al consumo que publica periódicamente el Instituto Nacional de Estadística. De lo cual es lógico inferir que el término adaptará asociado a las variaciones que experimente el IPC, por su significado de ajuste o fluctuación, incluye de manera clara e indiscutible la contingencia de la disminución en caso de deflación.

Por lo que, en consecuencia, habrá estimarse en este punto del recurso, procediendo al recalculo de la pensión debida sobre la base de una disminución del 0,18 por ciento experimentada durante el período de 1 de agosto de 2015 a 31 de julio de 2016».

A *sensu contrario*, encontramos, a modo de ejemplo, el **auto de la Audiencia Provincial de Álava n.º 30/2019, de 4 de marzo, ECLI:ES:APVI:2019:119A**, que, aunque el mismo se refiera a una pensión de alimentos a los hijos, podemos interpretarla de forma análoga a este caso:

«Además, la Sala entiende que la cláusula de actualización de una pensión de alimentos conforme a IPC no puede ser utilizada para la reducción del quantum de la pensión de alimentos, porque su sentido teleológico es, precisamente, el contrario: asegurar que el transcurso del tiempo no afecte negativamente a la pensión por el efecto de la inflación y la consiguiente pérdida de valor adquisitivo; y también servir, en la medida de lo posible, como mecanismo de incremento paulatino de la pensión para adaptarse al crecimiento de las necesidades del alimentista parejo a su propio desarrollo personal. Resultaría contrario al fin tuitivo de los intereses del menor la introducción de una cláusula que supusiera una rebaja del importe de la pensión de alimentos por transcurso del tiempo, pese a que, al crecer este, cada vez tenga más necesidades y de mayor coste.

Para el caso de que la deflación reflejada en un IPC negativo diera lugar a un hipotético contexto en el que el valor de la pensión se hubiera apreciado de forma desproporcionada al coste de los alimentos del menor, la parte dispone del mecanismo procesal de modificación de medidas regulado en el artículo 775 de la LEC que, de un modo más adecuado que la aplicación de un índice estadístico, permitirá velar por las necesidades del menor y la proporcionalidad del importe de la pensión al caudal de recursos del alimentante».

Considerando lo expuesto, para que la pensión compensatoria no se vea reducida en los casos en los que el IPC resulte negativo, lo más idóneo será dejar reflejado en el convenio regulador que si dicho índice es negativo la pensión no se verá afectada.

7.
MODIFICACIÓN Y EXTINCIÓN DE LA PENSIÓN COMPENSATORIA

La **modificación** de la pensión compensatoria se regula en el artículo 100 del Código Civil, estableciendo que, fijada la pensión y las bases de su actualización en la **sentencia** de separación o de divorcio, **solo podrá ser modificada (para reducirla y nunca para aumentarla) por las alteraciones en la fortuna de uno u otro cónyuge que así lo aconsejen**.

Asimismo, la pensión y las bases de actualización fijadas en el convenio regulador formalizado **ante el letrado de la Administración de Justicia o notario** podrán modificarse mediante nuevo convenio, sujeto a los mismos requisitos exigidos en el CC.

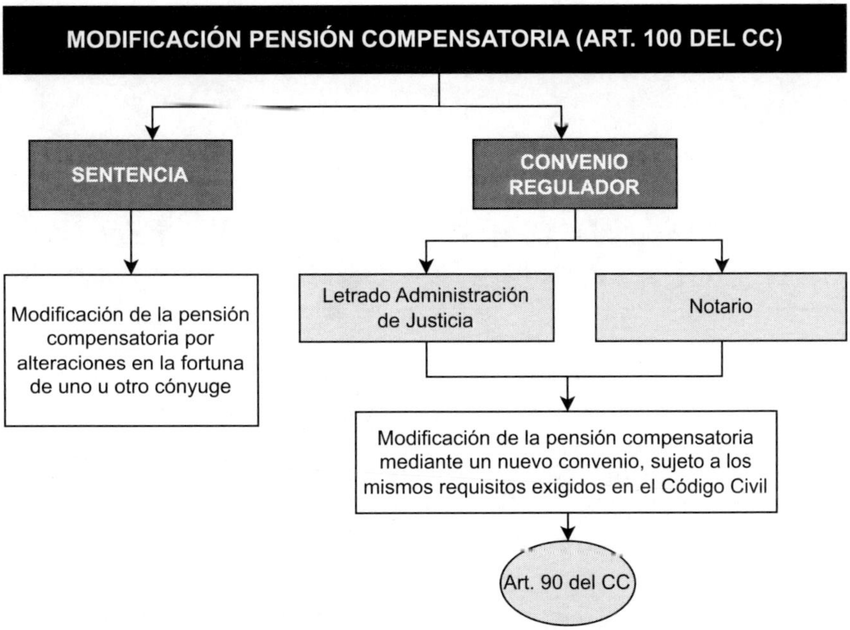

En cuanto a la **extinción** de la pensión compensatoria, de acuerdo con el artículo 101 del Código Civil, el derecho a pensión se extingue por el cese de la **causa que lo motivó, por contraer el acreedor nuevo matrimonio o por vivir maritalmente con otra persona**.

El derecho a la pensión **no se extingue por el solo hecho de la muerte del deudor**.

No obstante, los herederos de este podrán solicitar del juez la reducción o supresión de aquella si el caudal hereditario no pudiera satisfacer las necesidades de la deuda o afectara a sus derechos en la legítima.

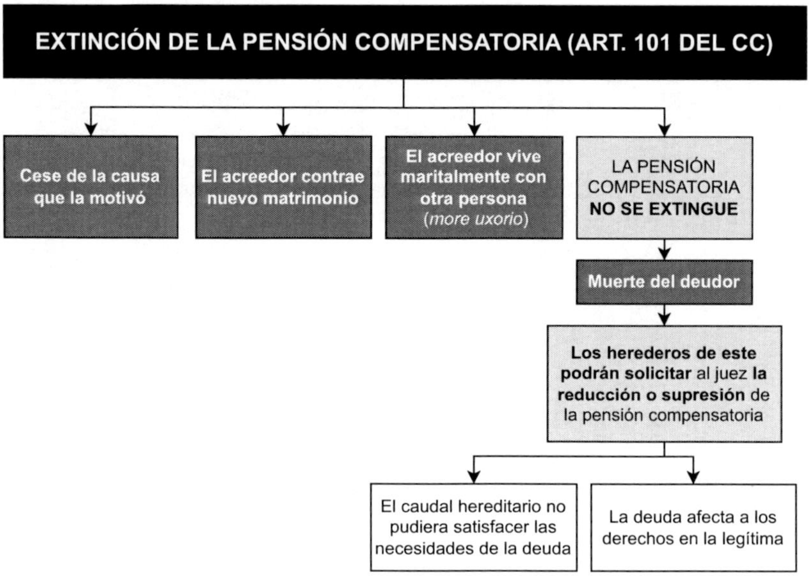

7.1. Procedimiento a seguir para la modificación de la pensión compensatoria

Las condiciones que llevaron al nacimiento del derecho a la pensión compensatoria pueden cambiar a lo largo del tiempo. Cuando ello ocurra, el obligado al pago de la pensión podrá pedir que se modifique dicha medida, pero **para ello tiene que probar que las causas que dieron lugar a su nacimiento han dejado de existir, total o parcialmente**.

Asimismo, y de acuerdo con la jurisprudencia de las audiencias, la acción de modificación exige:

- Que haya existido y así se acredite, **una modificación o alteración de las circunstancias tenidas en cuenta para su adopción**.

- Que dicha **modificación o alteración sea sustancial**, de tal importancia que haga suponer que, **de haber existido tales circunstancias al momento de la separación o el divorcio, se habría adoptado medidas distintas**, al menos en su cuantía si se trata de prestaciones económicas.
- Que tal **alteración no sea esporádica o transitoria, sino que presente caracteres de estabilidad o permanencia**.
- Que **la referida modificación o alteración no haya sido provocada o buscada voluntariamente o de propósito** para obtener una modificación de las medidas ya adoptadas y sustituirlas por otras medidas que resulten más beneficiosas para el solicitante.

Por lo tanto, la razón de ser del proceso de modificación es realizar un juicio comparativo entre dos momentos:

1. La sentencia que fija las medidas.
2. La demanda en que se pide la modificación de las medidas.

En consecuencia, **queda fuera del objeto de la modificación relativa a la nueva valoración la posible sujeción a derecho de las circunstancias tomadas en cuenta en aquel primer momento (sentencia del Tribunal Supremo n.° 508/2011, de 27 de junio, ECLI:ES:TS:2011:4632)**.

CUESTIONES

1. ¿Qué ocurre cuando se pacta en el convenio regulador que la pensión compensatoria será indefinida y se excluye expresamente la extinción o reducción de su cuantía?

En materia de pensión compensatoria caben los pactos que pueden modificar lo establecido en el artículo 97 del CC de acuerdo con el artículo 1255 del CC. Por ello, las partes pueden llegar de forma negociada a la fijación de una pensión, sin que se pueda interferir en dicho acuerdo, ya que no hay precepto que lo autorice y se rompería con la seguridad jurídica contractual.

Por lo tanto, las partes pudieron tener en cuenta unas circunstancias distintas en el momento de la firma del convenio regulador, como por ejemplo, en vez de establecer una pensión indefinida establecerla temporal, y no lo hicieron. Se trata, por tanto, de un acuerdo libremente establecido entre ambas partes que solo una posible alteración sustancial de las circunstancias, que no se pudieran tener en cuenta en el momento de la firma del convenio, pudiera provocar su modificación **(sentencia del Tribunal Supremo n.° 9/2018, de 10 de enero, ECLI:ES:TS:2018:3)**.

2. El/la beneficiario/a de una pensión compensatoria recibe una herencia. ¿El obligado al pago de la pensión podrá pedir la modificación de la pensión?

Debemos entender el recibir una herencia por parte del beneficiario/a de una pensión compensatoria, como una circunstancia sobrevenida de imposible o difícil valoración, a priori susceptible de incidir favorablemente en la situación económica del acreedor/a de la pensión, por lo que, la percepción de la herencia tendría cabida en el concepto de alteración sustancial de las iniciales circunstancias que dieron lugar al derecho de compensación, que es el presupuesto contemplado en el artículo 100 del CC para que pueda estimarse la pretensión de modificar la cuantía de la pensión reconocida.

Para este caso, el **Tribunal Supremo a través de su sentencia n.° 133/2014, de 17 de marzo, ECLI:ES:TS:2014:852**, sentó jurisprudencia, en la que afirma que si bien en la práctica tal alteración como consecuencia de la percepción de una herencia tiene carácter sustancial o esencial, es algo que no puede afirmarse sino tras examinar las circunstancias del caso concreto, y en particular, después de valorar su entidad en el plazo económico, la disponibilidad que al acreedor corresponde sobre los bienes que integran la herencia y, en suma, la posibilidad efectiva de rentabilizarlos económicamente, pues sin esta rentabilización, la mera aceptación de la herencia no se va a traducir en una mejora de la situación económica.

Procedimiento de modificación de pensión compensatoria

En cuanto al **procedimiento**, el artículo 775 de la LEC establece que:

> «1. El Ministerio Fiscal, habiendo hijos menores o hijos con discapacidad con medidas de apoyo atribuidas a sus progenitores y, en todo caso, los cónyuges, podrán solicitar del Tribunal que acordó las medidas definitivas, **la modificación de las medidas convenidas por los cónyuges o de las adoptadas en defecto de acuerdo, siempre que hayan variado sustancialmente las circunstancias tenidas en cuenta al aprobarlas o acordarlas**».

|| Procedimiento contencioso (art. 770 de la LEC)

La solicitud de modificación de medidas se sustanciará por los trámites del juicio verbal con sujeción a las siguientes reglas:

a) A la demanda deberá **acompañarse la certificación de la inscripción del matrimonio y, en su caso, las de inscripción del nacimiento de los hijos en el Registro Civil**.

b) Los **documentos en que el cónyuge funde su derecho**.

c) **Si se solicitaren medidas de carácter patrimonial**, tanto la parte actora como la parte demandada deberá aportar los documentos de que dispongan que permitan evaluar la situación económica de los cónyuges y, en su caso, de los hijos, tales como declaraciones tributarias, nóminas, certificaciones bancarias, títulos de propiedad o certificaciones registrales.

d) De existir, se deberá aportar la resolución judicial o acuerdo en virtud del cual corresponde el uso de la vivienda familiar.

A TENER EN CUENTA. El artículo 770 de la LEC ha sido modificado **en vigor desde el 20/03/2024**, por el RD-ley 6/2023, de 19 de diciembre.

|| Procedimiento de mutuo acuerdo (art. 777 de la LEC)

Al escrito por el que se promueva el procedimiento deberá acompañarse:

a) La **certificación de la inscripción del matrimonio** y, en su caso, las de **inscripción de nacimiento de los hijos en el Registro Civil**.

b) **Propuesta de convenio regulador** y el documento o documentos en el que el cónyuge o cónyuges funden su derecho.

c) **En los casos en los que exista un proceso de mediación familiar habrá que incluir el acuerdo final alcanzado** en dicho procedimiento.

Cuando algún hecho relevante no pueda ser probado mediante documentos, en el mismo escrito se propondrá la prueba de que los cónyuges quieran valerse para acreditarlo.

CUESTIÓN

¿Qué juzgado es competente para conocer de las medidas de modificación?

Se entiende que el propósito del legislador fue atribuir la competencia para conocer de las demandas de modificación de medidas al juzgado que dictó la resolución inicial. En este sentido, se pronuncia el **auto del Tribunal Supremo, rec. 815/2016, de 27 de junio, ECLI:ES:TS:2016:6541A**: «No puede desconocerse que, frente a la virtualidad indudable del fuero de proximidad, mantener la competencia del juzgado que adoptó las medidas cuya modificación se pretende aporta también ventajas y que los inconvenientes que provoca no son insalvables. En primer lugar, este fuero de competencia aporta un factor de calidad a la decisión de cambio de las medidas, ya que es el juzgado que las adoptó el que se encuentra en mejor posición para valorar si las circunstancias tenidas en cuenta en la resolución inicial han sufrido una modificación relevante».

En cuanto a las **costas** en los procedimientos relativos a modificación de medidas, cuando se trata de modificación de medidas de contenido patrimonial, no existe peculiaridad ni singularidad específica alguna que mueva a apreciar diferencias en la aplicación del criterio del vencimiento contemplado en el artículo 394 de la LEC, con relación a las restantes materias ajenas al derecho de familia.

En conclusión, la estimación de la demanda de modificación de medidas de contenido patrimonial, en primera instancia, habrá de regirse por el criterio del vencimiento, salvo que fueran de apreciar serias dudas de hecho o de derecho en el tratamiento de la cuestión, conforme al artículo 394 de la LEC (sentencia de la Audiencia Provincial de Granada n.º 349/2020, de 30 de octubre, ECLI:ES:APGR:2020:1921).

7.2. Extinción de la pensión compensatoria

Como ya hemos señalado la pensión compensatoria se extingue por el **cese de la causa que lo motivó**, por **contraer el acreedor nuevo matrimonio o por vivir maritalmente con otra persona**, de acuerdo con el artículo 101 del Código Civil.

CUESTIÓN

¿El transcurso del tiempo es una causa de extinción de la pensión compensatoria?

No, la sentencia del Tribunal Supremo n.º 726/2011, de 27 de octubre, ECLI:ES:TS:2011:7174, dicta la siguiente doctrina: «el simple transcurso del tiempo no constituye causa de extinción de la pensión compensatoria, salvo que se haya establecido de forma temporal».

Asimismo, el referido precepto en su segundo párrafo dispone que el derecho a la pensión compensatoria no se extingue por el solo hecho de la muerte del deudor. No obstante, los herederos de este podrán solicitar del juez la reducción o supresión de aquella, si el caudal hereditario no pudiera satisfacer las necesidades de la deuda o afectara a sus derechos en la legítima.

Es decir, nuestro Código Civil admite, a través de su artículo 101, la **transmisión al heredero del pago de la pensión compensatoria y admite la supresión cuando el caudal hereditario no pudiera satisfacer tal pensión o la misma afecte a la legítima**.

Se trata, por tanto, de una **obligación personalísima**, tal y como admite la doctrina, que excepcionalmente se transmite al heredero, convirtiéndose entonces en una **obligación con cargo a la herencia (sentencia del Tribunal Superior de Justicia de Cataluña n.º 20/1999, de 26 de julio, ECLI:ES:TSJCAT:1999:7352)**.

CUESTIÓN

¿La falta de voluntad del/la beneficiario/a de la pensión compensatoria en buscar un empleo es una causa de extinción de la misma?

Sí. La sentencia del Tribunal Supremo n.º 472/2011, de 15 de junio, ECLI:ES:TS:2011:4825, es muy ilustrativa al respecto, «[...] el empeño e interés de la esposa en eliminar el desequilibrio no tuvo la intensidad que se requería para justificar que el mantenimiento del mismo no podía imputarse a su conducta, y confirmó las apreciaciones del Juzgado que en esta línea, valoró negativamente que se limitara a estar inscrita en el INEM, renunciando a tomar una actitud activa, que en buena lógica, podía ser más efectiva en orden a la obtención de un puesto de trabajo, por ejemplo, mediante el envío de currículos a empresas demandantes de empleo) lo que aconsejó que se limitara a tres años la pensión, al considerar ambos órganos judiciales, con acierto, que en la tesitura en que se encontraba la beneficiaria, era un plazo más que suficiente para conseguir un trabajo, no siendo jurídicamente aceptable repercutir en el esposo pagador de la pensión las consecuencias negativas derivadas de la falta de acceso al mismo por la pasividad de la esposa en su búsqueda y obtención».

Otro ejemplo de esta causa de extinción la encontramos en la **sentencia del Tribunal Supremo n.° 1/2012, de 23 de enero, ECLI:ES:TS:2012:234**, que reza como sigue: «Sentado cuanto antecede, del estudio de las actuaciones y de la valoración de la prueba en su conjunto, resulta que procede estimar el recurso del exmarido y declarar extinguida la pensión de la Sra. Trinidad pues la pensión compensatoria del artículo 97 del CC no es dable a favor de persona que posee una importante cualificación profesional y con un puesto fijo de trabajo, encontrándose en situación de excedencia como enfermera por interés particular, no siendo de recibo que su exmarido, que sufrió un infarto agudo de miocardio, deba subvenir las necesidades de la demandante cuando esta posee una importante cualificación profesional y un puesto laboral que le permite hacerlo por sí misma, no constando su incapacidad para el ejercicio profesional».

Causas de extinción de la pensión compensatoria

Extinción por cesar la causa que motivó el derecho a la pensión compensatoria

El citado artículo 101 del Código Civil permite la extinción de la pensión **«por el cese de la causa que lo motivó»**.

Las condiciones que llevaron al nacimiento del derecho a la pensión compensatoria pueden cambiar a lo largo del tiempo. Cuando ello ocurra, **el obligado al pago de la pensión compensatoria podrá pedir que se modifique esta medida o bien se extinga**, pero para ello deberá probar que las causas que dieron lugar a su nacimiento han dejado de existir, total o parcialmente.

CUESTIÓN

La liquidación de la sociedad de gananciales y la posterior adjudicación de bienes, ¿podría configurarse como una revelación de una mejora en la situación económica del cónyuge a cuyo favor se ha establecido una pensión compensatoria?

El hecho de que el cónyuge al que se le hubiera reconocido el derecho personal a una pensión compensatoria fuera adjudicatario de bienes como resultado de la liquidación de la sociedad de gananciales no implica un incremento de su fortuna con relación a la decisión por la que el otorgamiento de la pensión fue tomado en consideración, ya que la liquidación solo provoca la concreción del haber ganancial (**sentencia del Tribunal Supremo n.° 917/2008, de 3 de octubre, ECLI:ES:TS:2008:2536**).

A *sensu contrario* se pronuncia la **sentencia del Tribunal Supremo n.° 76/2018, de 14 de febrero, ECLI:ES:TS:2018:408**, en la que la sala considera que sí ha tenido influencia la liquidación de la sociedad de gananciales en la pensión compensatoria, considerándola una circunstancia relevante para la extinción de la misma al cesar la causa que la motivó y la desaparición de la situación de desequilibrio:

«Tras la liquidación de la sociedad de gananciales, la indivisión que afectaba a la titularidad de los bienes, ha devenido en atribución exclusiva de la propiedad y uso de los bienes adjudicados, con lo que los bienes han pasado a ser productivos para cada uno de los cónyuges, pudiendo disponer de los mismos, ya vendiéndolos o explotándolos, con lo que se aseguran una situación de estabilidad económica que se aproxima bastante a la existente antes de la separación conyugal y divorcio, con

lo que al desaparecer la situación de desequilibrio, procede declarar extinguida la pensión compensatoria, al infringirse en la sentencia recurrida el art. 101 del C. Civil».

Tal extinción tendrá efectos desde la sentencia de primera instancia que declaró la extinción de la pensión compensatoria.

|| Extinción por contraer el acreedor nuevo matrimonio

En este caso resulta evidente que **la causa de extinción de la pensión compensatoria es que el cónyuge acreedor contraiga un nuevo matrimonio.**

Esta causa de extinción tendrá efectos desde que este hecho se produce, con independencia de la fecha en que —conocida dicha situación— **se interpone la demanda y se dicta sentencia decidiendo sobre la extinción,** así lo dispone la **sentencia del Tribunal Supremo n.° 453/2018, de 18 de julio, ECLI:ES:TS:2018:2736.**

|| Extinción por vivir maritalmente con otra persona (more uxorio)

A través de la doctrina se han mantenido dos posturas en relación al **significado de vida marital**:

- La de quienes entienden que el Código Civil en su artículo 101 utiliza la expresión **«vivir maritalmente» como equivalente a convivencia matrimonial.**
- La de quienes entienden que **cualquier tipo de convivencia estable de pareja lleva a la extinción de la pensión** y que no quedan incluidas las convivencias ocasionales o esporádicas.

El **Tribunal Supremo en su sentencia n.° 42/2012, de 9 de febrero, ECLI:ES:TS:2012:624**, señala que para darle sentido a la referida regla deben utilizarse dos cánones interpretativos:

- El de la **finalidad de la norma.**
- El de la **realidad social del tiempo en que la norma debe ser aplicada.**

La razón por la que se introdujo esta causa de extinción de la pensión compensatoria en nuestro Código Civil fue la de que se ocultaran auténticas situaciones de convivencia con carácter de estabilidad, más o menos prolongadas, no formalizadas como matrimonio, precisamente para impedir la pérdida de la pensión compensatoria, ya que se preveía inicialmente solo como causa de pérdida el nuevo matrimonio del cónyuge acreedor.

En cuanto a la realidad social del tiempo en que la norma debe aplicarse, debe señalarse que la expresión «vida marital con otra persona», puede hacerse desde dos puntos de vista:

- **Punto de vista subjetivo**: los miembros de la nueva pareja asumen un compromiso serio y duradero, basado en la fidelidad, con ausencia de forma.
- **Punto de vista objetivo**: basado en la convivencia estable.

En general, se sostiene que **se produce esta convivencia cuando los sujetos viven como cónyuges y ello produce una creencia generalizada sobre el carácter de sus relaciones.**

No procede, sin embargo, la extinción de la pensión compensatoria cuando es sabido que dos personas tienen **una relación de estrecha amistad, pues una relación de estrecha amistad no se puede equiparar a la situación de convivencia *more uxorio***, que es entendida como una relación semejante a la matrimonial, exigida por la doctrina jurisprudencial.

Por lo que, para declarar extinguido el derecho a la pensión compensatoria, **debe darse una convivencia estable así como los lazos de afectividad y las notas de estabilidad, proyectos y planes de futuro propios de la vida en común que lleguen a equiparar la situación creada con la de un matrimonio en el sentido social de la palabra (sentencia de la Audiencia Provincial de León n.º 182/2013, de 23 de mayo, ECLI:ES:APLE:2013:767)**.

En cuanto a la carga de la **prueba**, esta **recae en quien pretende que se extinga la pensión compensatoria**. En muchos casos demostrar que alguien mantiene una relación estable con otra persona o vive maritalmente es muy difícil, ya que asiduamente al acreedor de la pensión compensatoria no le interesa perder su derecho a la misma. En estos casos **es habitual en la práctica acudir a detectives privados**, en este sentido es interesante la **sentencia de la Audiencia Provincial de Huelva n.º 28/2015, de 28 de enero, ECLI:ES:APH:2015:55**, que reza el tenor literal siguiente: «No obstante de la prueba practicada, en especial de los informes del detective, que luego declaró como testigo en el acto del juicio, ha puedo de manifiesto, además de la adquisición de la referida propiedad, que estos pasan allí fines de semana y períodos vacacionales [...]».

CUESTIONES

1. «A» recibe una pensión compensatoria de «B» desde hace cinco años con motivo del divorcio entre ambos. «A» por su parte mantiene una relación de pareja con «C» desde hace dos años, si bien «A» y «C» no conviven en la misma vivienda habitualmente, únicamente conviven algunos fines de semana y durante las vacaciones. ¿Podrá «B» solicitar la extinción de la pensión compensatoria por considerar que «A» tiene una vida marital con «C» a la luz del artículo 101 del CC?

Sí, pues, aunque no se produzca una convivencia continuada bajo el mismo techo, «A» y «C» conviven juntos la mayoría de los fines de semana y vacaciones, por lo que esta relación tiene características de permanencia. Asimismo, en estos casos también se tendrá en cuenta el entorno de la pareja sea conocedora de la existencia de una relación (que en una relación de dos años es lo más probable). Por lo que, en el caso que nos ocupa debe entenderse que existe «vida marital» y, por tanto, es de aplicación el artículo 101 del Código Civil.

Para este caso es interesante la lectura de la **sentencia del Tribunal Supremo n.º 179/2012, de 28 de marzo, ECLI:ES:TS:2012:2534, y la sentencia de la Audiencia Provincial de Baleares n.º 146/2013, de 16 de abril, ECLI:ES:APIB:2013:779**, con el tenor literal siguiente: «[...] no es óbice para llegar a dicha conclusión **que los "convivientes" no se encuentren empadronados en el mismo domicilio, al ser mero dato administrativo inocuo a los fines decisorios, ni tampoco que mantengan viviendas de propiedad o uso independiente. Menos trascendencia tiene que no se haya demostrado la existencia de cuentas bancarias o bienes en común entre los convivientes, pues tampoco ello se predica de los cónyuges unidos por vínculo matrimonial**».

2. ¿Las fotografías publicadas en las redes sociales como Facebook o Instagram serán pruebas válidas para demostrar que dos personas viven maritalmente?

Sí. Serán válidas como medio de prueba las fotografías de redes sociales para demostrar la existencia de vida marital entre dos personas (**sentencia de la Audiencia Provincial de Ourense n.º 459/2016, de 28 de diciembre, ECLI:ES:APOU:2016:818**).

3. Un año después de divorciarse «A» ha mantenido una relación sentimental *more uxorio* durante tres años con otra persona, de los cuales dos han convivido juntos en la misma vivienda, sin embargo, a día de hoy la relación está rota. ¿Podrá el ex cónyuge de «A» solicitar la extinción de la pensión compensatoria?

Sí, pues aunque a día de hoy ya no exista la relación, concurre causa de extinción de la pensión compensatoria consistente en vivir maritalmente con otra persona de acuerdo con el artículo 101 del Código Civil, independientemente que tal relación ya no exista a día de hoy (**sentencia de la Audiencia Provincial de Madrid n.º 132/2007, de 26 de febrero, ECLI:ES:AMP:2007:2474**).

Por lo tanto, se puede concluir que, para la extinción de la pensión compensatoria, extinción con base en el párrafo 1.º del artículo 101 del Código Civil, se deben dar las siguientes circunstancias para entender una convivencia *more uxorio* o vida marital:

- **Existencia de relación sentimental continuada.**
- Características de **permanencia y estabilidad.**
- **Relación exclusiva con una persona**, con convivencia continuada o continuas en el mismo domicilio.

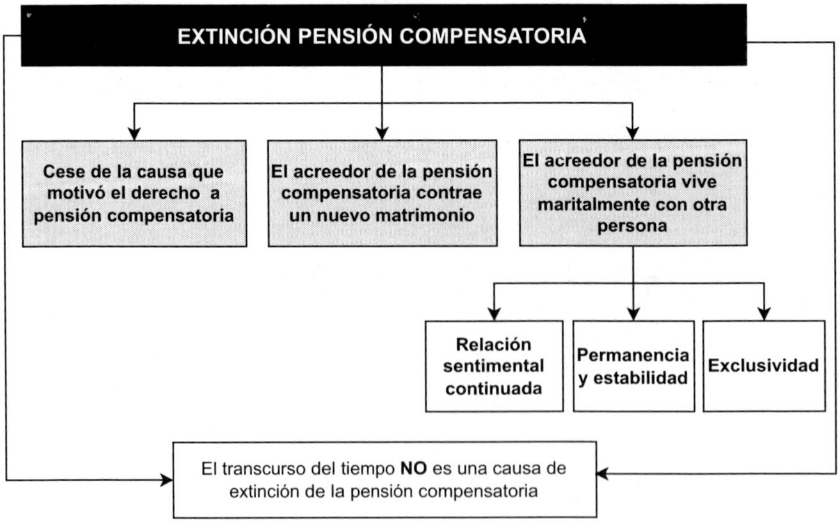

8.
IMPAGO DE LA PENSIÓN COMPENSATORIA: DELITO DEL ARTÍCULO 227 DEL CÓDIGO PENAL

El impago de la pensión compensatoria se incardina **dentro de los delitos de abandono de familia**, menores o personas con discapacidad necesitadas de especial protección, recogidos en la sección 3.ª del capítulo III del título XII del libro II del Código Penal.

Es a través del artículo 227 del Código Penal, el precepto legal en el que nuestro legislador castiga, con la pena de **prisión de tres meses a un año o multa de seis a 24 meses**, a todo aquel que deje de pagar durante dos meses consecutivos o cuatro no consecutivos cualquier tipo de prestación económica en favor de su cónyuge o sus hijos establecida en convenio judicialmente aprobado o resolución judicial en los supuestos de separación legal, divorcio, declaración de nulidad del matrimonio, proceso de filiación, o proceso de alimentos a favor de sus hijos.

El bien jurídico protegido es el mismo que en todo el título XII, es decir, las relaciones familiares. Dentro de estas, el delito se refiere más concretamente a las obligaciones de prestar asistencia que necesitan a los hijos o cónyuge, fijadas por una resolución judicial.

¿Qué elementos son necesarios para que se constituya el tipo penal?

La **sentencia del Tribunal Supremo n.º 937/2007, de 21 de noviembre, ECLI:ES:TS:2007:7630**, expone los elementos necesarios para que se constituya el tipo penal tratado:

- Que una **resolución de naturaleza judicial establezca la obligación de prestación económica**, y que dicha resolución **sea dictada dentro de los procesos** a los que el tipo penal hace referencia (aprobando un convenio o en los de separación, divorcio, nulidad, sobre filiación o sobre alimentos, en este caso circunscrito a los exigidos a favor de hijos).

- La realidad de la **no realización del pago de esa prestación**, en los tiempos y cuantía que el tipo penal refleja.
- La **posibilidad de que dicho pago pueda ser realizado por el obligado** *(in necesitate nemo tenetur)* sin que, sin embargo, se requiera una situación de necesidad por parte del que tiene derecho a la prestación ni que se derive para este perjuicio alguno diverso del de la no percepción de la prestación, tratándose de un delito de mera inactividad.
- El **conocimiento de la resolución judicial unido a la voluntad de no realizar el pago**, cuya voluntad se estima ausente en los supuestos de imposibilidad de hacer efectiva la prestación, lo que le aleja del reproche de delito que instaure la prisión por deudas.

Estos elementos deben completarse en un doble sentido, como entiende la **sentencia de la Audiencia Provincial de Madrid n.º 625/2015, de 22 de septiembre, ECLI:ES:APM:2015:13308**:

- En los **casos de cumplimiento parcial del débito económico** debe rechazarse cualquier formal automatismo que convierta en acción típica todo lo que no sea un íntegro y total cumplimiento de la prestación económica. La antijuridicidad material de la conducta (no solo la antijuridicidad formal de su subsunción típica) exige la sustancial lesión del bien jurídico protegido. De ahí que **ni todo abono parcial de la deuda conduce a la atipicidad de la conducta, ni esta se convierte en delictiva cuando lo insatisfecho es de tan escasa importancia, en relación con lo pagado, que resulta irrelevante para integrar el delito del artículo 227.1 del Código Penal**. Tal cuestión habrá de **determinarse en caso concreto en función de las circunstancias concurrentes**, excluyendo interpretaciones que supongan la consagración de la prisión por deudas con olvido de que en definitiva se trata de una modalidad típica del «abandono» de familia.
- En segundo lugar, de la inexistencia del delito en los **casos de imposibilidad de pago** no se sigue que la acusación deba probar, además de la resolución judicial y de la conducta omisiva, la disponibilidad de medios bastantes por el acusado para pagar, pues siendo este dato uno de los factores a valorar en la resolución que establezca la prestación, y siendo susceptible de actualización o alteración por modificación de las circunstancias, el hecho mismo de que se haya establecido judicialmente y se mantenga su importe permite inicialmente inferir de manera razonable la posibilidad de pago por el deudor y por lo mismo la voluntariedad de su omisión. Ahora bien, esto no obsta la **posibilidad de que por el acusado se pruebe la concurrencia de circunstancias que hayan hecho imposible el pago, acreditándose así la ausencia de dolo en el impago de la prestación debida**.

> **A TENER EN CUENTA.** Necesidad de **denuncia previa**: el artículo 228 del Código Penal establece que el delito de abandono de familia por impago de pensiones solo será perseguible previa denuncia de la persona agraviada o de su representante legal.

CUESTIÓN

¿Qué órgano ostentará la competencia territorial?

Al constituir el delito de impago de pensiones un delito de omisión, la competencia viene determinada por el lugar donde debe cumplimentarse la obligación que, en estos casos, no es otro que el fijado en convenio o resolución judicial al respecto y en su defecto el del domicilio de quien debe de recibir las cantidades adeudadas (**ATS, rec. 20681/2020, de 28 de abril, ECLI:ES:TS:2021:5819A, entre otros muchos**).

Responsabilidad civil derivada del delito

La responsabilidad civil derivada del delito está condicionada por los hechos por los que se sustenta y por los elementos esenciales exigibles, por lo que no se van a poder incluir, dentro de la misma, períodos en los que no se haya acreditado que el incumplimiento del acusado es voluntario. Sin embargo, sí pueden constituir una deuda de carácter civil, pero no de responsabilidad civil derivada del delito, ya que requiere la omisión voluntaria.

La reforma del artículo 227.3 del Código Penal puso fin a la interpretación que se había venido haciendo del precepto, ya que se consideraba por juzgados y tribunales que dicho delito no llevaba aparejada responsabilidad civil alguna por el pago de las pensiones debidas, por lo que se entendía que estas eran la causa del delito y no una consecuencia. A raíz de la nueva redacción, se acabó la controversia. En consecuencia, **el *quantum* de las cantidades adeudadas constituye una de las partidas de la responsabilidad civil del delito, si bien, esto no va a excluir la posible indemnización por daños y perjuicios producidos por la comisión del delito, que serán resarcibles conforme a los artículos 109 y siguientes del Código Penal.**

Ahora bien, lógicamente cabe precisar que, para que pueda nacer la responsabilidad civil, es necesario que esta no se haya extinguido y en este sentido el artículo 518 de la Ley de Enjuiciamiento Civil, referido a la caducidad de la acción, prevé la caducidad de la acción ejecutiva en sentencia, en resolución del tribunal o del letrado de la Administración de Justicia si no se interpone dentro de los cinco años siguientes a la firmeza de la sentencia o resolución.

Sin embargo, tal y como refiere, entre otras, la **Audiencia Provincial de Barcelona (auto n.º 196/2012, de 17 de julio, ECLI:ES:APB:2012:5231A)**, en materia de derechos futuros, cuyo nacimiento se produce por el transcurso temporal, como sucede en materia del derecho de alimentos o de la pensión compensatoria, el plazo de caducidad del título tiene como *dies a quo* el del nacimiento del derecho, no el de la fecha del título ejecutivo en que se funden.

En lo que al ámbito penal se refiere, el artículo 131 del Código Penal señala un plazo de cinco años para la prescripción del delito de abandono de familia por impago de pensiones, si bien, al encontrarnos ante un delito de naturaleza permanente, la prescripción del delito comenzará a contar desde el día que cese la conducta o se elimine la situación ilícita (artículo 132 del CP). Así pues, si el obligado al pago deja de abonar la pensión compensatoria en enero del año 2015, y el excónyuge beneficiario de la misma denuncia en enero del 2021, si el delito de abandono de familia no tuviera tal naturaleza y fuese un delito permanente, el mismo podría considerarse prescrito dado que, desde que se comenten los hechos (enero de 2015) hasta que se interpone la denuncia (enero de 2021), han pasado más de 5 años. Sin embargo, la naturaleza permanente del delito objeto de estudio hace que su plazo de prescripción empiece a contar desde el día en que se hubiera eliminado la situación ilícita (circunstancia que obviamente no ha ocurrido).

Ahora bien, ello no modifica la caducidad de la acción civil de reclamación por impago de pensiones y del deber de reparación del daño dado que, tal y como manifiesta la **sentencia de la Audiencia Provincial de Bilbao n.º 90238/2020, de 1 de diciembre, ECLI:ES:APBI:2020:3143** (referida a un supuesto de impago de pensión de alimentos pero, perfectamente subsumible igualmente a aquellos supuestos de impago de la pensión compensatoria habida cuenta el tipo penal objeto de estudio), el deber de reparación del daño, mediante el pago de la cuantía adeudada a que se refiere el artículo 227.3 del Código Civil debe ser de cinco años, y ello en atención a las siguientes razones:

> «(...) a) la responsabilidad civil del delito del art. 227 del CP no nace realmente de la condena por el delito en sí, sino del incumplimiento de la prestación civil económica debida, por haber sido establecida en una resolución judicial. Es decir, en realidad la prestación civil es previa y preexistente al ilícito penal, pues el delito solo se produce y surge cuando se deja de abonar la prestación económica debida y fijada en una previa resolución civil. Lo que establece la obligación de reparar el daño no es la comisión del delito, sino que es al revés, lo que establece un ilícito penal es la resolución previa civil, y sólo el dejar de pagar dos meses consecutivos o cuatro alternos (art. 227.1 del CP) es lo que determina el nacimiento del delito, pero la obligación civil era previa y nació cuando se incumplió lo resuelto en la sentencia que estableció la debida prestación alimenticia; y
>
> b) no tendría sentido ni coherencia interna que la acción para reclamar las pensiones alimenticias debidas fuera imprescriptible (delito permanente), si se sigue causa penal, y si no concurre delito (menos de dos mensualidades o de cuatro alternas) o no se presentase denuncia penal, como permite el art. 228 del CP, dicha acción prescribiera en el plazo de cinco años (art. 1966 del CC), puesto que el título del que deriva la responsabilidad es exactamente el mismo, esto es la sentencia judicial o convenio homologado judicialmente».

Así pues, siguiendo con el supuesto arriba expuesto, el *quantum* de la responsabilidad civil derivada del delito del impago de pensiones desde enero de 2015 a enero de 2021 solo alcanzará a las cantidades adeudadas desde enero de 2016.

CUESTIÓN

¿Podremos volver a interponer denuncia contra el excónyuge que ya ha sido condenado como autor responsable de un delito de abandono del hogar por impago de la pensión compensatoria si la conducta de impago persiste tras el dictado de la sentencia?

Sí. Ello es debido a que los incumplimientos producidos con posterioridad a la fecha del periodo de enjuiciamiento delimitado en el escrito de conclusiones definitivas no conforman el objeto procesal del proceso penal. Por ello, los impagos posteriores constituirán nuevas omisiones no enjuiciadas sin que, en ningún caso, los nuevos incumplimientos puedan ser considerados como cosa juzgada, sino al contrario, dado que, en su caso, evidenciarán la renovación del dolo por parte del sujeto activo a los efectos de otro pronunciamiento.

9.
PENSIÓN COMPENSATORIA Y PAREJAS DE HECHO

Las uniones de hecho **no tienen una regulación propia en el derecho estatal** de manera que tampoco existe normativa para regular los casos de crisis en este tipo de parejas. Tales uniones se caracterizan por ser **estables, de dos personas mayores de edad o menores emancipados, con intereses comunes para el desarrollo de una vida familiar**, y se regulan, básicamente, a través de leyes de carácter autonómico.

En relación con los **efectos patrimoniales** entre los convivientes, ha de estarse en primer lugar al pacto entre las partes. Asimismo, el Tribunal Supremo se ha mostrado **contrario** a aplicar a las uniones de hecho el régimen económico matrimonial, en particular el de la sociedad de gananciales.

Por lo tanto, en palabras del Alto Tribunal, en **sentencia n.° 431/2010, de 7 de julio, ECLI:ES:TS:2010:3530, el mero hecho de convivir no supone que aparezca un régimen económico determinado**, ni que se pueda aplicar alguno de los dispuestos por la ley para la sociedad conyugal, sino que habrá que estar a lo expresamente pactado o, más habitualmente, a las actuaciones de las partes durante la convivencia para determinar cuáles eran sus intenciones respecto de los bienes que se iban adquiriendo.

En suma, la pareja de hecho está reconocida en nuestra sociedad como una modalidad de familia aunque sin equivalencia al matrimonio. Por lo que, y a la vista de lo anterior, **¿se podrá establecer legalmente la pensión compensatoria en las rupturas de las uniones de hecho?** Para responder a esta cuestión, debe valorarse los siguientes criterios:

- **El artículo 97 del Código Civil, relativo a la pensión compensatoria, solo recoge los casos en los que exista un matrimonio previo, alejándose de la aplicación por analogía de las normas propias del matrimonio** (artículos 96, 97 y 98 del CC), pues tal aplicación comportaría una penalización de la libre ruptura de la pareja, y más especialmente una penalización al miembro de la pareja que no desea su continuidad. Pues no tiene sentido imponer una compensación económica por la ruptura a quien precisamente nunca quiso acogerse al régimen jurídico del matrimonio que prevé dicha compensación para el caso de ruptura del matrimonio por separación o divorcio.

- El **artículo 221 de la LGSS relativo a la pensión de viudedad en las parejas de hecho que entró en vigor el 1 de enero de 2022**, exige, entre otros requisitos que, para la concesión de la pensión de viudedad a las parejas de hecho extinguidas por voluntad de uno de los cónyuges, **la persona supérstite sea acreedora de una pensión compensatoria y que esta se extinga con motivo de la muerte del causante**. Por lo que, el referido artículo abre la puerta a la aplicación del artículo 97 del CC a las parejas de hecho en contradicción con la jurisprudencia mencionada.

A tenor de lo anterior, se debe valorar que la ruptura de una pareja de hecho puede generar perjuicios a uno de los miembros de la pareja, y que ello no implique el deber de indemnizar del miembro de la pareja que no ha sido perjudicado, pues y, en palabras del Tribunal Supremo, los convivientes han aceptado crear una unión al margen del matrimonio legalmente establecido que, al contrario de lo que ocurre en las uniones de hecho, sí crea derechos y obligaciones durante su vigencia así como al término de la misma **(sentencia del Tribunal Supremo n.° 611/2005, de 12 de septiembre, ECLI:ES:TS:2005:5270, reiterada por la sentencia del Tribunal Supremo n.° 17/2018, de 15 de enero, ECLI:ES:TS:2018:37)**.

La jurisprudencia acude, en este caso, a la figura de la acción del enriquecimiento injusto, siempre y cuando concurran los requisitos que la jurisprudencia tiene delimitados para que opere la misma. De manera que, para aplicar la doctrina del enriquecimiento injusto será necesario la concurrencia de tres requisitos **(sentencia del Tribunal Supremo n.° 584/2014, de 16 de octubre, ECLI:ES:TS:2014:5209)**:

- **Enriquecimiento** de uno solo de los miembros de la pareja de hecho.
- **Correlativo empobrecimiento** del otro miembro de la pareja de hecho.
- **Inexistencia de causas que justifiquen tanto el enriquecimiento como el correlativo empobrecimiento** de los miembros de la pareja de hecho.

La compensación que se pueda conceder en los supuestos de ruptura requiere básicamente que se produzca un desequilibrio, que se medirá en relación al otro miembro de la pareja y que implica un empeoramiento en relación con la situación anterior.

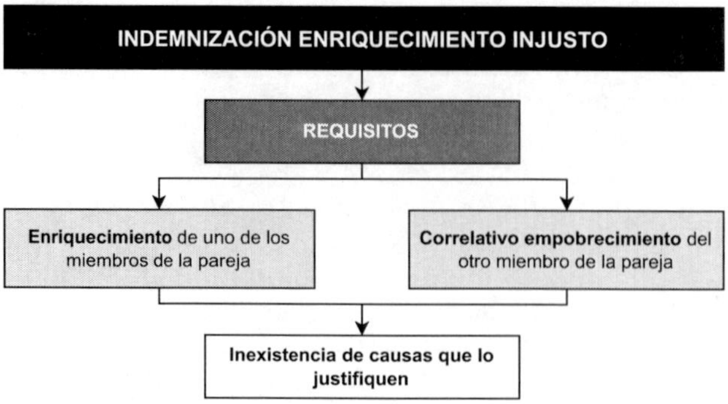

CUESTIÓN

¿La pareja de hecho puede pactar un resarcimiento económico a uno de sus miembros para el caso de ruptura?

Sí, se admite en todo supuesto que los miembros de una pareja de hecho pacten la determinación de un resarcimiento económico en caso de ruptura de la convivencia (**sentencia del Tribunal Supremo n.° 611/2005, de 12 de septiembre, ECLI:ES:TS:2005:5270**), de acuerdo con el **artículo 1255 del Código Civil**: «Los contratantes pueden establecer los pactos, cláusulas y condiciones que tengan por conveniente, siempre que no sean contrarios a las leyes, a la moral ni al orden público».

En cuanto a la **acumulación de acciones**, no existe en el ámbito estatal una norma que prevea la acumulación en un único proceso de todas las acciones dirigidas a poner fin a la relación de pareja y la aplicación de las reglas legales se dirigen a excluir tal acumulación.

Es decir, **no es posible acumular en el mismo procedimiento una acción de petición de una pensión con las cuestiones referidas a la patria potestad, la custodia, los alimentos de los hijos comunes y el uso de vivienda familiar**. Pues, la acción de petición de una pensión entre los miembros de una pareja de hecho no está comprendida en los procesos matrimoniales. En este sentido, es interesante la lectura de la **sentencia del Tribunal Supremo n.° 17/2018, de 15 de enero, ECLI:ES:TS:2018:37**.

De manera que para saber cuál será el procedimiento a seguir para solicitar la indemnización por enriquecimiento injusto, deberemos acudir al juicio ordinario o verbal en función de la cuantía, regulado en el Ley de Enjuiciamiento Civil.

No obstante, a la vista de lo hasta aquí expuesto, cabe destacar que el hecho de que no se reconozca la existencia de pensión compensatoria como tal a las parejas de hecho en el caso de ruptura no es óbice para que en algunas normas autonómicas —Illes Balears, entre otras— se haga referencia a una posible compensación económica entre los miembros de la pareja y con características particulares en cada caso, que podría considerarse análoga a la citada pensión compensatoria en el ámbito matrimonial.

En conclusión, mientras no se produzca un cambio jurisprudencial que reconozca el derecho propio a la pensión compensatoria de las parejas de hecho, se deberá atender a la regulación autonómica que las recoja de forma expresa y, de no ser el caso, y en relación con el derecho a la pensión de viudedad, a la equiparación de la pensión por enriquecimiento injusto o a las pensiones establecidas por pacto en caso de separación de pareja de hecho en aquellos supuestos en los que tengan similares características a la pensión compensatoria para dar cumplimiento al art. 221 de la LGSS.

ANEXO I.
CASOS PRÁCTICOS

Caso práctico | Pactada una pensión de alimentos en el procedimiento de separación, ¿es posible reclamar su conversión en pensión compensatoria en el posterior juicio de divorcio?

PLANTEAMIENTO

En procedimiento contencioso de separación «A» y «B», pactan una pensión de alimentos a favor de «A», desistiéndose por parte de esta última, en virtud del pacto alcanzado entre las partes, de la solicitud de pensión compensatoria, «sin perjuicio de reservarse su derecho para ulterior procedimiento».

Transcurridos dos años desde el dictado de la sentencia de separación, «B» procede a interponer demanda de divorcio en la que solicita la disolución del matrimonio y la extinción de la pensión de alimentos.

«A» contesta a la demanda oponiéndose a la extinción de la pensión de alimentos y formula reconvención en la que solicita la conversión de la pensión alimenticia en pensión compensatoria y ello con base en la reserva efectuada en el procedimiento de separación.

Pactada una pensión de alimentos en el procedimiento de separación, ¿es posible reclamar su conversión en pensión compensatoria en el posterior juicio de divorcio?

RESPUESTA

Hemos de partir de la **imposibilidad de convertir los alimentos acordados en la separación en una posterior pensión alimenticia y ello porque los alimentos y la pensión compensatoria obedecen a finalidades y causas distintas** (los alimentos tienen como objetivo solucionar el estado de necesidad de quien los acredita, mientras que la pensión compensatoria obedece a otras razones, las cuales se corresponderían con las de compensar el desequilibrio que pueda producirse como consecuencia de la ruptura matrimonial).

Sin embargo, ello no obsta la posibilidad de que, pactada un pensión de alimentos entre los cónyuges en proceso de separación, pensión que desaparecerá con el ulterior proceso de divorcio (salvo que se haya acordado un contrato de alimentos —artículos 1791 y siguientes del Código Civil—, que los cónyuges podrán haber pactado en virtud de su autonomía), **sí pueda ejercitar el derecho a la pensión compensatoria, el cónyuge que reservó en el procedimiento de separación su derecho a reclamarlo en uno posterior** (que lógicamente será el procedimiento de divorcio).

Resuelve un caso como el supuesto planteado la **Sala del Tribunal Supremo a través de su sentencia n.° 10/2010, de 9 de febrero, ECLI:ES:TS:2010:292**.

A través de esta, los magistrados estiman el recurso de casación presentado, reponiendo la sentencia dictada por el Juzgado de Instancia en el que se reconoce el derecho a la pensión compensatoria del cónyuge solicitante de la misma, poniendo de relieve la Sala que, el pacto de alimentos al que habían llegado los cónyuges en el momento del dictado de la sentencia de separación, ocultaba el desequilibrio existente al momento de la crisis matrimonial (momento en el que efectivamente debe producirse el desequilibrio económico a los efectos de determinar la procedencia de la pensión compensatoria). No se trata pues de que el desequilibrio se produzca por la pérdida del derecho a los alimentos, sino que, existiendo en el momento de la separación, había quedado oculto por el pacto de alimentos, confirmándose la doctrina según la cual, el desequilibrio necesario para que nazca el derecho a reclamar la pensión compensatoria debe existir en el momento de la ruptura sin que deban tenerse en cuenta, a los efectos del reconocimiento del derecho, los hechos que hayan tenido lugar entre la separación y el divorcio y declarando como doctrina jurisprudencial que, el desequilibrio que genera el derecho a la pensión compensatoria debe existir en el momento de la ruptura matrimonial, aunque se acuerde el pago de alimentos a uno de los cónyuges, sin que el momento del divorcio permita examinar de nuevo la concurrencia o no del desequilibrio y sin que la extinción del derecho de alimentos genere por sí mismo el derecho a obtener la pensión compensatoria.

Caso práctico | Pago de cuotas de la hipoteca y equiparación a pensión compensatoria a efectos de la pensión de viudedad

PLANTEAMIENTO

«A» se casó con «B» el 1 de mayo de 1983. Dicho matrimonio fue disuelto por sentencia de divorcio de fecha 25 de noviembre de 2010. En la citada sentencia se aprobó el convenio regulador firmado por ambos cónyuges el 1 de octubre de 2010. En dicho convenio se atribuye la vivienda familiar a «A» así como el pago del préstamo hipotecario que grava la referida vivienda. Si bien, «B», aunque así no se estableciera en el convenio regulador, se hizo cargo del pago de todas las cuotas del referido préstamo.

En el convenio regulador también se estipuló que no existía desequilibrio económico y que no procedía fijar pensión compensatoria a favor de ninguno de los cónyuges.

«B» falleció el 26 de marzo de 2017 y «A» solicitó la pensión de viudedad el 16 de mayo de 2017.

¿Le corresponde a «A» pensión de viudedad?

RESPUESTA

En primer lugar, descartaremos la aplicación de la disposición transitoria decimotercera de la Ley General de la Seguridad Social por divorciarse con posterioridad al 1 de enero de 2008.

Si bien el pago del préstamo hipotecario se adjudicó a «A» en el convenio regulador, fue «B» quien se hizo cargo del mismo. Podemos entender que este hecho objetivo del pago del préstamo hipotecario por parte de «B» tiene un fin similar al de una pensión compensatoria en los términos exigidos por el Tribunal Supremo para acceder a la pensión de viudedad: una **transferencia económica periódica con el objeto de cubrir las necesidades de uno de los cónyuges a consecuencia de su situación económica posterior al divorcio.**

No obstante, en el presente caso los cónyuges convinieron expresamente en el convenio regulador, que ninguno de ellos sufriría desequilibrio económico, razón esta por la que se renunció al establecimiento de pensión compensatoria, por lo que este extremo incumpliría el artículo 220.1 de la LGSS en relación con el artículo 97 del Código Civil, pues **el presupuesto constitutivo, para ser perceptor/a de la pensión de viudedad, es ser beneficiario de pensión compensatoria.**

Señala el Tribunal Supremo en varias sentencias, y, concretamente, en la **STS n.º 405/2021, de 14 de abril, ECLI:ES:TS:2021:1897**, que lo exigido por el legislador es la persistencia de un vínculo económico en el momento del fallecimiento, con independencia de cuál sea la situación económica del propio beneficiario.

Por consiguiente, el reconocimiento de la pensión de viudedad pasa en estos casos por determinar si, en cada supuesto concreto, **el fallecimiento pone fin al abono de**

una obligación asumida por el causante con la finalidad de satisfacer ese concepto a que atiende la pensión compensatoria. Si bien, los conceptos por los que se satisfacen contribuciones económicas entre cónyuges, en el momento de la separación o de la disolución del vínculo matrimonial mediante decisión judicial, pueden generar confusión a la hora de tener que identificarlos desde la óptica de la pensión de viudedad, dada la remisión hecha por el legislador al artículo 97 del Código Civil.

Por lo tanto, todo lo anterior debe llevarnos a entender que, **el reconocimiento de cualquier suma periódica a favor de uno de los cónyuges tiene la naturaleza de pensión compensatoria y, por consiguiente, permitirá el acceso, en su caso, a la pensión de viudedad, al tratarse de una prestación que se ve interrumpida por el fallecimiento del deudor**.

Por todo ello, **el abono de las cuotas de la hipoteca por parte de «B», acredita por sí solo, que su finalidad era equilibrar el desajuste patrimonial causado por el divorcio** y en aplicación de la doctrina jurisprudencial, se trata propiamente de una pensión compensatoria y por ello «A» debe tener derecho a percibir la pensión de viudedad correspondiente.

Caso práctico | Derecho a la pensión compensatoria en caso de que uno de los cónyuges preste servicios para el otro

PLANTEAMIENTO

«P» interpone en septiembre de 2021 una demanda de divorcio frente a su cónyuge «C», la cual, mostrándose conforme con la declaración de divorcio, formula reconvención en la cual, en lo que aquí nos interesa, solicita el establecimiento de una pensión compensatoria por importe de 2.000 euros mensuales.

Son circunstancias acreditadas por las partes las siguientes:

- Constante matrimonio, los cónyuges fueron socios y titulares de una empresa «EM», de la que venían percibiendo ingresos por los trabajos que realizaban en ella.
- «C», era administradora de la empresa. Sin embargo, en 2016, esta cesó en su cargo.
- En la actualidad, el único administrador de la empresa «EM» es «P».
- Desde 2016, «C» ha estado trabajando como autónoma para la empresa que ahora solo es propiedad de «P», encontrándose en el momento de interposición de la demanda y, en fecha actual, en situación de baja por incapacidad, con posibilidad de reincorporación al trabajo.
- «C» ha combinado (antes de encontrarse en situación de baja por incapacidad) la prestación de servicios como autónoma en la empresa «EM» con la prestación de servicios, también como autónoma, para otras empresas.

  En la actualidad «C» cuenta con 62 años y ha cotizado lo suficiente para obtener una pensión de jubilación.

¿Tendrá derecho «C» a la pensión compensatoria solicitada?

RESPUESTA

Sí, a «C» podría corresponderle el reconocimiento a una **pensión compensatoria de futuro** y ello con ocasión de la incertidumbre acerca de su reincorporación laboral a la empresa de la que el demandante es administrador.

Encontramos resuelto un supuesto de hechos como el arriba planteado en la **sentencia del Tribunal Supremo n.º 369/2020, de 29 de junio, ECLI:ES:TS:2020:2091**. A través de esta, la sala desestima el recurso de casación interpuesto por el demandado, obligado al pago de una pensión compensatoria por importe de 700 euros mensuales que, de acuerdo con la sentencia objeto de recurso, se empezará a abonar desde el mes siguiente en que, dejando de percibir la prestación por baja temporal, se le deniegue la incorporación laboral a la sociedad de la que es administrador el demandado y hasta que perciba una pensión de jubilación u otra prestación, igual o superior a esa suma.

El obligado al pago, en el recurso de casación, sostiene la inexistencia de desequilibrio en el momento de la ruptura, por lo que, según su representación, no procedería el establecimiento de una pensión compensatoria, ya que «C» prestaba servicios como autónoma a diferentes empresas, por lo que no puede sostenerse que se producirá un desequilibrio económico en el futuro por la incertidumbre de la incorporación a una de ellas.

Recuerdan los magistrados que el desequilibrio económico a que se refiere el artículo 97 del CC, no requiere para su existencia ausencia de medios económicos por parte de la beneficiaria, sino efectivo perjuicio derivado de la ruptura de la convivencia, y en este caso dicho perjuicio se producirá evidentemente si, por la actuación del esposo, la recurrida no puede reintegrarse al trabajo en la empresa que tienen en común.

En la respuesta dada, los magistrados hacen especial mención a su anterior **sentencia n.º 120/2018, de 7 de marzo, ECLI:ES:TS:2018:675**, mediante la que se resuelve un caso de similares características, estimando que, en aquellos supuestos en los que uno de los cónyuges preste servicios laborales para el otro, habrá de enjuiciarse la existencia de desequilibrio tanto en el momento de la ruptura como en el caso de que finalice la relación laboral, por causa no imputable al cónyuge «empleado».

Caso práctico | Transformación pensión compensatoria indefinida en pensión compensatoria temporal

PLANTEAMIENTO

«A» y «B» se divorciaron el 13 de enero de 2013 tras treinta años de matrimonio y dos hijos en común.

Durante los treinta años que duró el matrimonio, ha sido «A» quien se ha hecho cargo de las labores de la casa y el cuidado de los hijos no teniendo trabajo fuera de casa.

«A» tiene 60 años y es licenciado/a en arquitectura, profesión que nunca ha ejercido. «A» a día de hoy no tiene ningún tipo de ingreso.

«B» tiene 65 años e ingresa por su trabajo 3.500 euros mensuales.

En el momento que tiene lugar el divorcio, los dos hijos habidos en el matrimonio son menores de edad y en la sentencia de divorcio se establece que la custodia de estos la ostente «A», siendo la patria potestad de ambos progenitores.

Asimismo, en dicha sentencia se establece una pensión compensatoria de carácter indefinido (sin límite temporal) en favor de «A» por un importe de 1.500 euros que «B» debe de abonarle mensualmente.

El 13 de agosto de 2020 «B» interpuso demanda de modificación de medidas en la que solicitaba que la pensión compensatoria indefinida se modificara y pasara a ser una pensión compensatoria de carácter temporal, estableciendo un límite de tres años, siendo uno de los motivos de la demanda para la modificación la mayoría de edad de los hijos.

¿Tendrá algún recorrido la demanda de modificación de medidas interpuesta por «B»?

RESPUESTA

La pensión compensatoria tiene como finalidad la de compensar o restaurar el desequilibrio que con respecto a uno de los cónyuges se haya generado con ocasión de la ruptura matrimonial, siendo los presupuestos básicos para su otorgamiento la existencia de una situación de desequilibrio y la posición desventajosa en la que queda uno de los cónyuges a consecuencia de la separación o divorcio.

Los tribunales para el establecimiento y cuantificación de la pensión compensatoria tienen en cuenta numerosos factores (edad, estado de salud, duración del matrimonio, medios económicos, etc.) entre los que destacan los recogidos en el artículo 97 del Código Civil.

En el caso que ahora nos ocupa, nos encontramos ante un matrimonio de 30 años de duración durante los cuales «A» se ha dedicado en exclusiva al cuidado de la casa y la familia, por lo que se entiende que ha perdido innumerables oportunidades laborales, y **por mucho que «A» tenga intenciones de incorporarse al mercado laboral, es un hecho objetivo que tendrá numerosas dificultades.**

Por lo tanto, existe un desequilibrio económico claro entre «A» y «B» como consecuencia de la ruptura matrimonial.

Asimismo, la determinación de un límite temporal dará lugar a la extinción de la pensión compensatoria cuando se alcance el plazo fijado para la finalización, y **para la transformación de una pensión indefinida en una temporal se requiere que se produzca una modificación sustancial de las circunstancias que fueron tenidas en cuenta al establecer la pensión indefinida**.

Con respecto al motivo alegado por «B» de que los hijos a día de hoy sean mayores de edad, no puede ser motivo para modificar el límite temporal de la pensión compensatoria ya que, el **que los hijos cumplieran años, era algo absolutamente previsible y mera consecuencia del paso del tiempo**.

Por ello, el motivo alegado para pretender la modificación de la pensión compensatoria no tendrá recorrido alguno, pues **la edad de los hijos no es un factor que contribuya a la superación de la situación de desequilibrio que justificó el reconocimiento del derecho**, además, es un dato que los tribunales a la hora de fijar la pensión compensatoria, no tienen en cuenta como una circunstancia que dificultara el acceso al trabajo del cónyuge al que le corresponda el derecho a ser compensado.

En conclusión, y teniendo en cuenta todos los datos, **no es probable que la demanda de modificación de medidas en este caso tenga recorrido**, pues dadas las circunstancias de «A» es difícil que supere el desequilibrio económico mediante el acceso al mercado laboral dado el tiempo que lleva fuera del mismo y su edad.

A este respecto es interesante la lectura de la **sentencia del Tribunal Supremo n.º 391/2017, de 20 de junio, ECLI:ES:TS:2017:2505**.

Caso práctico | Derecho pensión viudedad cónyuge divorciado que percibió compensatoria único pago

PLANTEAMIENTO

«A» y «B» tras treinta años de matrimonio deciden divorciarse.

Suscriben un convenio regulador aprobado judicialmente en el que establecen una pensión compensatoria a favor de «A» por un importe de 160.000 euros que «B» ingresa a «A» mediante un único pago.

Tras el fallecimiento de «B», «A» solicita la pensión de viudedad, pero el INSS se la deniega al entender que «A» no cobraba una pensión compensatoria.

«A» pretende recurrir la decisión del INSS ante los tribunales. ¿Tendrá viabilidad su pretensión?

RESPUESTA

En este caso «A» **al tiempo de fallecimiento de «B» no tenía ninguna dependencia económica del mismo**, por lo que no puede entenderse que el fallecimiento supusiese una pérdida económica para «A» ni una minoración de unos ingresos ya que las obligaciones que «A» tenía con «B» se liquidaron en el convenio regulador suscrito por ambos.

Así, el **artículo 99 del CC** permite sustituir el pago de la pensión periódica por un pago único:

> «En cualquier momento podrá convenirse la sustitución de la pensión fijada judicialmente o por convenio regulador formalizado conforme al artículo 97 por la constitución de una renta vitalicia, el usufructo de determinados bienes o la entrega de un capital en bienes o en dinero»

Y, es por ello, que en los supuestos como el que aquí nos ocupa de pago único, la muerte del causante no supone una merma de ingresos para quién tuvo vínculo matrimonial con él.

Por otro lado, el **artículo 220.1 de la LGSS** dispone:

> «(...) En el supuesto de que la cuantía de la pensión de viudedad fuera superior a la pensión compensatoria, aquella se disminuirá hasta alcanzar la cuantía de esta última».

El anterior mandato se entiende que no es aplicable a los supuestos de pago único, ya que falta el elemento comparativo que la ley establece, de lo que podemos sustraer que el legislador solo se refiere a la pensión compensatoria de pago periódico que se extingue a la muerte del causante.

Es muy interesante, para la comprensión del presente caso la lectura de la **sentencia del Tribunal Supremo n.º 537/2017, de 21 de junio, ECLI:ES:TS:2017:2701**.

Por último y, a la vista de todo lo anterior, la pretensión de «A» probablemente no tenga viabilidad ante los tribunales.

Caso práctico | Obligación de presentar declaración de la renta percibiendo pensión compensatoria del excónyuge

PLANTEAMIENTO

En 2023, Miriam percibió 11.000 euros correspondientes a su pensión de jubilación contributiva del INSS, no exenta de IRPF. A mayores, también cobró 4.900 euros en concepto de pensión compensatoria, abonados por su excónyuge de conformidad con el convenio regulador formalizado en su día.

Si carece de otros rendimientos, ¿estará obligada a presentar la declaración del IRPF correspondiente al ejercicio 2023?

RESPUESTA

Las distintas rentas que percibe Miriam tienen la consideración de rendimientos del trabajo a los efectos del IRPF, así que de conformidad con el artículo 96.3 de la LIRPF, en caso de percibir únicamente rendimientos íntegros del trabajo, si se cobra una pensión compensatoria, existirá obligación de presentar la declaración correspondiente al ejercicio 2023 cuando el importe total de los rendimientos íntegros del trabajo sea superior a 15.000 euros. Miriam excede ese límite, así que deberá presentar la declaración de la renta de 2023.

En primer lugar, para establecer si existe o no obligación de declarar en el IRPF, debe determinarse la calificación que reciben a efectos del impuesto los rendimientos obtenidos por Miriam:

- La **pensión de jubilación que cobra del INSS tendrá la consideración de rendimientos del trabajo**, de conformidad con **el artículo 17.2.a) de la LIRPF**, que atribuye tal carácter, entre otras, a «las pensiones y haberes pasivos percibidos de los regímenes públicos de la Seguridad Social y clases pasivas y demás prestaciones públicas por situaciones de incapacidad, jubilación, accidente, enfermedad, viudedad, o similares, sin perjuicio de lo dispuesto en el artículo 7 de esta Ley» (regla 1.ª del precepto).

- La **pensión compensatoria que le satisface su excónyuge también se considerará como rendimiento del trabajo**, a tenor del **artículo 17.2.f) de la LIRPF**, que califica como tales «las pensiones compensatorias recibidas del cónyuge y las anualidades por alimentos, sin perjuicio de lo dispuesto en el artículo 7 de esta Ley».

Sentado lo anterior, procede acudir al **artículo 96 de la LIRPF**, que regula la obligación de declarar en el impuesto, señalando lo siguiente:

> «1. Los contribuyentes estarán obligados a presentar y suscribir declaración por este Impuesto, con los límites y condiciones que reglamentariamente se establezcan.

2. No obstante, no tendrán que declarar los contribuyentes que obtengan rentas procedentes exclusivamente de las siguientes fuentes, en tributación individual o conjunta:

a) Rendimientos íntegros del trabajo, con el límite de 22.000 euros anuales.

(...)

3. El límite a que se refiere la letra a) del apartado 2 anterior será de 15.000 euros para los contribuyentes que perciban rendimientos íntegros del trabajo en los siguientes supuestos:

a) Cuando procedan de más de un pagador. No obstante, el límite será de 22.000 euros anuales en los siguientes supuestos:

1.º Si la suma de las cantidades percibidas del segundo y restantes pagadores, por orden de cuantía, no supera en su conjunto la cantidad de 1.500 euros anuales.

2.º Cuando se trate de contribuyentes cuyos únicos rendimientos del trabajo consistan en las prestaciones pasivas a que se refiere el artículo 17.2.a) de esta ley y la determinación del tipo de retención aplicable se hubiera realizado de acuerdo con el procedimiento especial que reglamentariamente se establezca.

b) Cuando se perciban pensiones compensatorias del cónyuge o anualidades por alimentos diferentes de las previstas en el artículo 7 de esta ley.

c) Cuando el pagador de los rendimientos del trabajo no esté obligado a retener de acuerdo con lo previsto reglamentariamente.

d) Cuando se perciban rendimientos íntegros del trabajo sujetos a tipo fijo de retención.

4. Estarán obligados a declarar en todo caso los contribuyentes que tengan derecho a deducción por doble imposición internacional o que realicen aportaciones a patrimonios protegidos de las personas con discapacidad, planes de pensiones, planes de previsión asegurados o mutualidades de previsión social, planes de previsión social empresarial y seguros de dependencia que reduzcan la base imponible, en las condiciones que se establezcan reglamentariamente.

(...)».

A TENER EN CUENTA. El apartado 3 de este artículo 96 de la LIRPF fue modificado por la Ley 31/2022, de 23 de diciembre, con efectos desde 1 de enero de 2023, quedando en los términos que acaban de reproducirse. Como consecuencia de la reforma, se elevó de 14.000 a 15.000 euros el límite que en él se recoge.

Por lo tanto, en caso de percibir únicamente rendimientos íntegros del trabajo, si se cobra una pensión compensatoria, existirá obligación de presentar la declaración de la renta correspondiente al ejercicio 2023 cuando el importe total de los rendimientos íntegros del trabajo sea superior a 15.000 euros (mientras que para el ejercicio 2022, el límite era de 14.000 euros). En el supuesto planteado, **Miriam percibe en total 15.900 euros (11.000 correspondiente a la pensión de jubilación y 4.900 correspondientes a la pensión compensatoria), así que tendría obligación de presentar la declaración del IRPF de 2023.**

ANEXO II.
FORMULARIOS

Demanda de divorcio sin hijos solicitando pensión compensatoria

AL JUZGADO DE PRIMERA INSTANCIA DE [LOCALIDAD]

D./D.ª [NOMBRE PROCURADOR CLIENTE], procurador/a de los tribunales con n.º de colegiado/a [NÚMERO], en nombre y representación de **D./D.ª**[NOMBRE CLIENTE], con domicilio en esta ciudad [DOMICILIO CLIENTE], y provisto/a de DNI [NÚMERO] lo que acredito mediante poder [NOTARIAL/APUD ACTA] a mi favor conferido, copia del cual adjunto como **documento n.º** [NÚMERO], bajo la dirección letrada de D./D.ª [NOMBRE ABOGADO CLIENTE], con n.º de colegiado/a [NÚMERO] por el ICA de [LOCALIDAD], ante el juzgado comparezco y, como mejor proceda en derecho, **DIGO**:

Mediante la presente interponemos **DEMANDA DE DIVORCIO CONTENCIOSO** contra **D./D.ª** [NOMBRE PARTE CONTRARIA], con domicilio en esta ciudad en [DOMICILIO] y provisto/a de DNI [NÚMERO], todo ello con base en los siguientes,

HECHOS

PRIMERO.- D./D.ª [NOMBRE CLIENTE], contrajo matrimonio [CIVIL/CANÓNICO] con la parte demandada en régimen de [RÉGIMEN ECONÓMICO MATRIMONIAL] el [DÍA] de [MES] de [AÑO], encontrándose inscrito en el Registro Civil de [LOCALIDAD], al libro [NÚMERO], tomo [NÚMERO], folio [NÚMERO], conforme se acredita mediante la aportación de la certificación de la inscripción del matrimonio, **documento n.º** [NÚMERO].

SEGUNDO.- De dicho matrimonio no ha habido descendencia.

TERCERO.- El régimen económico del matrimonio es el de [ESPECIFICAR].

Así queda acreditado en el escrito de capitulaciones matrimoniales, que se adjunta como **documento n.º** [NÚMERO].

CUARTO.- Transcurrido más de tres meses desde la celebración del matrimonio, mi representado/a, desea solicitar el divorcio de su cónyuge.

QUINTO.- Mi representado/a durante los años que ha durado esta relación matrimonial, se ha dedicado a tiempo completo al cuidado de la casa, cumpliendo con todas sus obligaciones, abandonando su profesión de [DESCRIPCIÓN], lo que ahora le implica encontrarse en una situación económica ínfima en relación con su cónyuge, que sigue con su trabajo estable de [DESCRIPCIÓN].

Es por lo que, de conformidad con lo dispuesto en el artículo 97 del Código Civil y de la más prolija jurisprudencia, se interesa, como única medida, el establecimiento de una pensión compensatoria a favor de mi mandante, a cargo de la adversa de [CANTIDAD_EN_LETRA] euros ([CANTIDAD_EN NÚMERO]) euros, en principio por tiempo indefinido, debiendo abonarse mensualmente, en los cinco primeros días de cada mes en la cuenta [NÚMERO].

Esta cuantía será actualizada anualmente conforme [INDICAR ÍNDICE DE ACTUALIZACIÓN].

SEXTO.- Nada que decir con respecto al resto de medidas, en tanto en cuanto es la adversa la que puede permanecer en el domicilio junto con su ajuar, sin perjuicio de la ulterior liquidación y adjudicación que proceda.

A los anteriores hechos le son de aplicación los siguientes,

FUNDAMENTOS DE DERECHO

I.- JURISDICCIÓN Y COMPETENCIA

Los arts. 21, 22 y 85 de la Ley Orgánica del Poder Judicial (LOPJ) y los arts. 36, 46 y 769 de la Ley de Enjuiciamiento Civil (LEC) atribuyen a la jurisdicción española y a los juzgados de primera instancia en concreto el conocimiento de esta materia.

Es competente, de conformidad con lo dispuesto en el artículo 769 de la LEC, el juzgado del lugar del domicilio conyugal o, caso de residir los cónyuges en distintos partidos judiciales, será tribunal competente, a elección del demandante, el del último domicilio del matrimonio o el de residencia del/de la demandado/a.

II.- PROCEDIMIENTO

Se seguirá el cauce establecido en el artículo 770 de la LEC que remite a la regulación del juicio verbal, con las especificaciones que incluye este precepto.

Artículo 770.1.ª de la Ley de Enjuiciamiento Civil:

> «A la demanda deberá acompañarse certificación de la inscripción del matrimonio, y en su caso, las de inscripción de nacimiento de los hijos en el Registro Civil, así como los documentos en que el cónyuge funde su derecho. Si se solicitan medidas de carácter patrimonial, tanto la parte actora como la parte demandada deberán aportar los documentos de que dispongan que permitan evaluar la situación económica de los cónyuges, y en su caso, de los hijos, tales como declaraciones tributarias, nóminas, certificaciones bancarias, títulos de propiedad o certificaciones registrales. De igual forma se deberá acreditar, de existir, la resolución judicial o acuerdo en virtud del cual corresponde el uso de la vivienda familiar». **(1)**

III.- CAPACIDAD Y LEGITIMACIÓN

Mi representado/a ostenta la capacidad necesaria para ser parte en el presente proceso, de conformidad con lo dispuesto en los artículos 6 y siguientes de la LEC y está legitimado para la presentación de esta demanda, en aplicación del artículo 10 de la Ley de Enjuiciamiento Civil con relación a los artículos 44 y 86 del Código Civil.

IV.- POSTULACIÓN Y DEFENSA

Toda vez que, de acuerdo con el artículo 750.1 de la LEC, «Fuera de los casos en que, conforme a la Ley, deban ser defendidas por el Ministerio Fiscal, las partes actuarán en los procesos a que se refiere este título con asistencia de abogado y representadas por procurador», esta parte comparece representada por procurador/a legalmente habilitado/a para actuar ante los juzgados y tribunales de esta ciudad y bajo la dirección técnica de letrado/a ejerciente.

V.- FONDO DEL ASUNTO

Del divorcio

Tal y como se establece en el artículo 86 del Código Civil, «se decretará judicialmente el divorcio, cualquiera que sea la forma de celebración del matrimonio, a petición de uno solo de los cónyuges cuando concurran los requisitos y circunstancias exigidos en el artículo 81», es decir una vez transcurridos tres meses desde la celebración del matrimonio.

Ninguna duda existe a este respecto, toda vez que de la documental obrante se observa claramente el transcurso del tiempo exigido.

El último párrafo del art. 81.2 del Código Civil, al que se remite el art. 86 del mismo texto, exige que a la demanda se acompañe propuesta fundada de las medidas que hayan de regular los efectos derivados del divorcio. El art. 91 del mismo texto legal confirma que el Juez deberá determinar en las sentencias de divorcio las medidas que regirán determinadas relaciones de las partes.

De la pensión compensatoria

La sentencia del Tribunal Supremo n.° 104/2014, de 20 de febrero, ECLI:ES:TS:2014:851, establece:

> «El artículo 97 del CC, según redacción introducida por la Ley 30/1981, de 7 de julio, regula el derecho a la pensión compensatoria como una prestación singular, con características propias, notoriamente alejada de la prestación alimenticia —en cuanto que, a diferencia de esta, no atiende al concepto de necesidad, razón por la que ambas resultan compatibles (SSTS de 2 de diciembre de 1987 y 17 de julio de 2009 [RC n.° 1369/2004])—, pero también de la puramente indemnizatoria o compensatoria —entre otras razones, porque el artículo 97 del CC no contempla la culpabilidad del esposo deudor como una de las incidencias determinantes de su fijación (STS de 17 de julio de 2009) y porque no se compadece con su carácter indemnizatorio que sea posible su modificación a consecuencia de una alteración sustancial y posterior en la fortuna de uno y otro cónyuge y, por supuesto, su extinción—, que responde a un presupuesto básico consistente en la constatación de un efectivo desequilibrio económico, producido en uno de los cónyuges con motivo de la separación o el divorcio (no en la nulidad matrimonial), siendo su finalidad restablecer el equilibrio y no ser una garantía vitalicia de sostenimiento, perpetuar el nivel de vida que venían disfrutando o lograr equiparar económicamente los patrimonios, porque no significa paridad o igualdad absoluta entre estos.
>
> Según aclara la citada Jurisprudencia, tal desequilibrio implica un empeoramiento económico en relación con la situación existente constante matrimonio; que debe resultar de la confrontación entre las condiciones económicas de cada uno, antes y después de la ruptura. De esto se sigue que, a diferencia de la pensión alimenticia, en la compensatoria no hay que probar la existencia de necesidad, toda vez que, como se ha dicho, el cónyuge más desfavorecido en la ruptura de la relación puede ser acreedor de la pensión aunque tenga medios suficientes para mantenerse por sí mismo. Lo que sí ha de probarse es que se ha sufrido un empeoramiento en su situación económica en relación a la que disfrutaba en el matrimonio y respecto a la posición que disfruta el otro cónyuge».

A su vez, **la sentencia del Tribunal Supremo n.° 252/2017, de 26 de abril, ECLI:ES:TS:2017:1591**, determina:

> «La pensión compensatoria se puede acordar cualquiera que sea el régimen económico matrimonial, analizándose el desequilibrio presente y futuro.
>
> Por su parte, en base al art. 1438 C. Civil, solo puede acordarse en régimen de separación de bienes y se analiza la situación existente durante el matrimonio y hasta el momento de la extinción del régimen de separación de bienes, para determinar el valor del trabajo en el hogar.
>
> La pensión compensatoria del art. 97 del C. Civil se otorga en consideración a la contribución pasada a la familia, pero también valorando la dedicación fu-

tura a los hijos, en su caso, para apreciar la posible existencia de desequilibrio económico.

Sin embargo, la compensación del art. 1438 C. Civil no se establece en consideración a la dedicación futura a la familia, ni a la situación de desequilibrio, sino solo en función de la pasada dedicación a la familia, vigente el régimen económico de separación y hasta la extinción del mismo».

En el caso que nos ocupa, parece más que evidente que se observan las pautas interesadas tanto normativa como jurisprudencialmente, toda vez que mi mandante [ESPECIFICAR_MOTIVOS].

Pensión compensatoria que ha de establecerse de carácter indefinido (existiendo posibilidad de modificar la misma, aspecto al que se compromete mi mandante en cuanto la situación económica laboral mejore) tal y como nos indica el Tribunal Supremo, por ejemplo en la **sentencia n.º 538/2017, de 02 de octubre, ECLI:ES:TS:2017:3379**, rezando la misma que «La fijación temporal de la pensión ha de partir de la convicción del tribunal de que, dentro del plazo fijado, se ha de poder restaurar el equilibrio por los propios medios del cónyuge beneficiario. Cuando no existe tal convicción —como ocurre en el caso— lo oportuno es el establecimiento de la pensión con carácter indefinido, lo que no implica un derecho a cesar en la búsqueda de tal restauración del equilibrio mediante ingresos propios y la imposibilidad de solicitar una modificación de medidas cuando tal búsqueda no se produce, con la finalidad —que no puede encontrar amparo en derecho— de mantener el percibo de la pensión por parte de quien se beneficia de ella (...)».

VI.- COSTAS

De conformidad con lo dispuesto en el art. 394 de la LEC, deberán ser impuestas a la demandante.

VII.- *IURA NOVIT CURIA*

En todo lo no invocado resulta de aplicación el principio *iura novit curia*, plasmado en el párrafo segundo del punto primero del artículo 218 de la Ley de Enjuiciamiento Civil, en virtud del cual serán aplicables las demás normas que sean de pertinente, especial o general aplicación, y que el juzgador podrá tener en cuenta de oficio sin necesidad de que hayan sido previamente alegados o invocados por alguna de las partes intervinientes.

Por todo ello,

SUPLICO AL JUZGADO:

Tenga por presentado este escrito con sus documentos y copias, y proceda a admitir la **DEMANDA DE DIVORCIO** contra D./D.ª [NOMBRE PARTE CONTRARIA], y previos los trámites procesales oportunos, finalice el procedimiento con una sentencia que **declare el divorcio** con disolución del régimen económico matrimonial, cesando cualesquiera poderes que los cónyuges pudieran haber otorgado el uno a favor del otro.

Se declare el pago de la **pensión compensatoria** a mi representado/a en la cantidad de [CANTIDAD EN LETRA] euros ([CANTIDAD EN NÚMERO]), en principio por tiempo indefinido, debiendo abonarse mensualmente, en los cinco primeros días de cada mes en la cuenta [NÚMERO]. Esta cuantía será actualizada anualmente conforme [INDICAR ÍNDICE DE ACTUALIZACIÓN].

La sentencia producirá la **DISOLUCIÓN DEL RÉGIMEN ECONÓMICO MATRIMONIAL**.

Con todo lo demás que sea procedente en derecho.

Por ser justicia que se pide en [LOCALIDAD] y [FECHA].

Letrado/a D./D.ª [NOMBRE]
[NÚMERO_COLEGIADO ABOGADO_CLIENTE]

Procurador/a D./D.ª [NOMBRE]
[NÚMERO_COLEGIADO_PROCURADOR_CLIENTE]

(1) El RD-ley 6/2023, de 19 de diciembre, modificó el artículo 770.1.ª de la LEC con entrada en vigor el 20/03/2024. El extracto mostrado en este formulario constituye la versión vigente desde esa fecha.

Demanda de divorcio con reclamación de indemnización compensatoria del art. 1438 del CC

AL JUZGADO DE PRIMERA INSTANCIA N.º [NÚMERO] DE [CIUDAD]

D./D.ª [NOMBRE PROCURADOR CLIENTE], procurador/a de los Tribunales, en nombre y representación de **D./D.ª** [NOMBRE CLIENTE] cuya representación se acredita por medio de poder [NOTARIAL/APUD ACTA] copia del cual acompaño como **documento n.º** [NÚMERO], bajo la dirección letrada de **D./D.ª** [NOMBRE ABOGADO CLIENTE] colegiado n.º [NÚMERO] por el ICA de [LUGAR], ante este juzgado comparezco y, como mejor proceda en derecho,

DIGO

Que, por medio del presente escrito, vengo a formular **DEMANDA DE DIVORCIO** frente a [NOMBRE_PARTECONTRARIA], con DNI [DNI] y domicilio en [DOMICILIO], de conformidad con los siguientes,

HECHOS

PRIMERO.- Mi mandante y el demandado contrajeron matrimonio [CIVIL/CANÓNICO] el [FECHA] en [LUGAR]. Así consta en la inscripción del Registro Civil de [LUGAR], tomo [NÚMERO], página [NÚMERO]. Acompañamos certificación como **documento n.º** [NÚMERO].

El régimen económico matrimonial es el de separación de bienes, de conformidad con las capitulaciones matrimoniales otorgadas en fecha [FECHA] ante el notario [NOMBRE] de [LUGAR]. Se adjunta escritura pública como **documento n.º** [NÚMERO].

De la unión matrimonial no ha habido descendencia.

SEGUNDO.- Mi mandante es licenciada en derecho pero se ha dedicado durante el matrimonio al cuidado del hogar conyugal, motivo por el que nunca ha ejercido su presión ni ha llevado a cabo ninguna otra actividad laboral por cuenta propia o ajena **(1)**.

TERCERO.- Esta parte ha intentado, sin éxito, llegar a un acuerdo sobre la procedencia de la compensación y su cuantía. Se adjunta la comunicación remitida por [MEDIO_FEHACIENTE] como **documento n.º** [NÚMERO].

Aunque la cuantía la fijará el juez discrecionalmente, como explicaremos en la fundamentación jurídica de esta demanda, se propone, en atención a los años de dedicación exclusiva de mi mandante a las tareas del hogar, una compensación consistente en el porcentaje de [NÚMERO] % del patrimonio adquirido por el demandado con el ejercicio de su actividad profesional. Se adjunta documental acreditativa de dicho patrimonio como **documento n.º** [NÚMERO].

A los anteriores hechos le resultan de aplicación los siguientes,

FUNDAMENTOS DE DERECHO

I.- JURISDICCIÓN

Corresponde a la jurisdicción civil según el artículo 36 de la LEC.

II.- COMPETENCIA

De conformidad con lo dispuesto en el artículo 769 de la LEC, será competente el juzgado de primera instancia del lugar del último domicilio conyugal o, caso de residir los cónyuges en distintos partidos judiciales, será tribunal competente, a elección del demandante, el del último domicilio del matrimonio o el de residencia del demandado.

III.- CAPACIDAD Y LEGITIMACIÓN

Mi representado/a ostenta la capacidad necesaria para ser parte en el presente proceso, de conformidad con lo dispuesto en los artículos 6 y siguientes de la Ley de Enjuiciamiento Civil y está legitimado para la presentación de esta demanda, en aplicación del artículo 10 de la Ley de Enjuiciamiento Civil con relación al artículo 86 del Código Civil.

IV.- REPRESENTACIÓN Y POSTULACIÓN

Se cumplen los requisitos de defensa y postulación conforme al artículo 750 de la Ley de Enjuiciamiento Civil al comparecer esta parte representada por procurador legalmente habilitado para actuar ante los juzgados y tribunales de esta ciudad y bajo la dirección técnica de letrado ejerciente.

V.- PROCEDIMIENTO

Se seguirán los trámites del juicio verbal, según lo dispuesto en el artículo 770 de la Ley de Enjuiciamiento Civil.

VI.- INTERVENCIÓN DEL MINISTERIO FISCAL

No es preceptiva la intervención del Ministerio Fiscal al no existir, en el concreto caso que nos ocupa, hijos menores o hijos mayores con medidas de apoyo.

VII.- FONDO DEL ASUNTO

- Artículo 86 del Código Civil:

> «Se decretará judicialmente el divorcio, cualquiera que sea la forma de celebración del matrimonio, a petición de uno solo de los cónyuges, de ambos o de uno con el consentimiento del otro, cuando concurran los requisitos y circunstancias exigidos en el artículo 81».

- Artículo 91 del Código Civil (2):

> «En las sentencias de nulidad, separación o divorcio, o en ejecución de las mismas, la autoridad judicial, en defecto de acuerdo de los cónyuges o en caso de no aprobación del mismo, determinará conforme a lo establecido en los artículos siguientes las medidas que hayan de sustituir a las ya adoptadas con anterioridad en relación con los hijos, la vivienda familiar, el destino de los animales de compañía, las cargas del matrimonio, liquidación del régimen económico y las cautelas o garantías respectivas, estableciendo las que procedan si para alguno de estos conceptos no se hubiera adoptado ninguna. Estas medidas podrán ser modificadas cuando se alteren sustancialmente las circunstancias.
>
> Cuando al tiempo de la nulidad, separación o divorcio existieran hijos comunes mayores de dieciséis años que se hallasen en situación de necesitar

medidas de apoyo por razón de su discapacidad, la sentencia correspondiente, previa audiencia del menor, resolverá también sobre el establecimiento y modo de ejercicio de éstas, las cuáles, en su caso, entrarán en vigor cuando el hijo alcance los dieciocho años de edad. En estos casos la legitimación para instarlas, las especialidades de prueba y el contenido de la sentencia se regirán por lo dispuesto en la Ley de Enjuiciamiento Civil acerca de la provisión judicial de medidas de apoyo a las personas con discapacidad».

- **Artículo 95 del Código Civil**:

«La sentencia firme producirá, respecto de los bienes del matrimonio, la disolución del régimen económico matrimonial».

- **Artículo 1438 del Código Civil**:

«Los cónyuges contribuirán al sostenimiento de las cargas del matrimonio. A falta de convenio, lo harán proporcionalmente a sus respectivos recursos económicos. El trabajo para la casa será computado como contribución a las cargas y dará derecho a obtener una compensación que el Juez señalará, a falta de acuerdo, a la extinción del régimen de separación».

- Sobre el **concepto de la compensación del artículo 1438 del CC y su distinción con la pensión compensatoria del artículo 97 del CC, la sentencia del Tribunal Supremo n.º 252/2017, de 26 de abril, ECLI:ES:TS:2017:1591** establece:

«Es preciso distinguir la compensación del artículo 1438 del C. Civil, de la pensión compensatoria establecida en el artículo 97 del C. Civil. Mediante la pensión compensatoria se cuantifica el desequilibrio que tras la separación o divorcio se produce en uno de los cónyuges, valorando la pérdida de oportunidades profesionales y teniendo en cuenta como uno más de los criterios la "dedicación pasada y futura a la familia". Por otro lado, la compensación del artículo 1438 del C. Civil tiene su base en el trabajo para la casa realizado por uno de los cónyuges, bajo un régimen de separación de bienes, al valorarlo como una contribución al sostenimiento de las cargas familiares. La pensión compensatoria se puede acordar cualquiera que sea el régimen económico matrimonial, analizándose el desequilibrio presente y futuro. Por su parte, **en base al artículo 1438 del C. Civil, solo puede acordarse en régimen de separación de bienes y se analiza la situación existente durante el matrimonio y hasta el momento de la extinción del régimen de separación de bienes, para determinar el valor del trabajo en el hogar**. La pensión compensatoria del artículo 97 del C. Civil se otorga en consideración a la contribución pasada a la familia, pero también valorando la dedicación futura a los hijos, en su caso, para apreciar la posible existencia de desequilibrio económico. Sin embargo, la compensación del artículo 1438 del C. Civil no se establece en consideración a la dedicación futura a la familia, ni a la situación de desequilibrio, sino solo en función de la pasada dedicación a la familia, vigente el régimen económico de separación y hasta la extinción del mismo».

La doctrina del Tribunal Supremo sobre esta compensación se encuentra resumida en la **sentencia del Tribunal Supremo n.º 185/2017, de 14 de marzo, ECLI:ES:TS:2017:977** establece:

«En su interpretación, esta sala, a partir de la sentencia 534/2011, de 14 de julio, ha fijado la siguiente doctrina:

"El derecho a obtener la compensación por haber contribuido uno de los cónyuges a las cargas del matrimonio con trabajo doméstico en el régimen de separación de bienes requiere que habiéndose pactado este régimen, se haya contribuido a las cargas del matrimonio solo con el trabajo realizado para la casa. Se excluye, por tanto, que sea necesario para obtener la compensación que se haya producido un incremento patrimonial del otro cónyuge".

Y ante las posibles dudas interpretativas que esta doctrina podía haber suscitado en la decisión de algunas Audiencias Provinciales, señaló en las sentencias de 135/2015, de 26 de marzo, 136/2015, de 14 de abril y 614/2015, de 15 de noviembre, lo siguiente:

"Por un lado, ha excluido la exigencia del enriquecimiento del deudor que debe pagar la compensación por trabajo doméstico. De otro, exige que **la dedicación del cónyuge al trabajo y al hogar sea exclusiva**, no excluyente, ('solo con el trabajo realizado para la casa'), lo que impide reconocer, de un lado, el derecho a la compensación en aquellos supuestos en que el cónyuge que lo reclama hubiere compatibilizado el cuidado de la casa y la familia con la realización de un trabajo fuera del hogar, a tiempo parcial o en jornada completa, **y no excluirla, de otro, cuando esta dedicación, siendo exclusiva, se realiza con la colaboración ocasional del otro cónyuge, comprometido también con la contribución a las cargas del matrimonio, o con ayuda externa**, pues la dedicación se mantiene al margen de que pueda tomarse en consideración para cuantificar la compensación, una vez que se ha constatado la concurrencia de los presupuestos necesarios para su reconocimiento. **El trabajo para la casa no solo es una forma de contribución, sino que constituye también un título para obtener una compensación en el momento de la finalización del régimen** —STS 14 de julio de 2011—".

La sentencia de 11 de diciembre de 2015 señala a su vez que se trata de una norma de liquidación del régimen económico matrimonial de separación de bienes que no es incompatible con la pensión compensatoria, aunque pueda tenerse en cuenta a la hora de fijar la compensación"».

- **Sobre la posibilidad de trabajar fuera de casa** dice aquella sentencia **(STS n.º 185/2017, de 14 de marzo, ECLI:ES:TS:2017:977)**:

«(...) en ningún caso el artículo 1438 exige que para ser merecedor de la compensación haya existido una imposibilidad probada y manifiesta, para poder trabajar fuera casa por parte del cónyuge que solicita la compensación».

- **Sobre el reconocimiento del derecho a la compensación aunque el cónyuge hubiese trabajado por cuenta ajena si este trabajo se realizaba en condiciones laborales precarias, STS n.º 252/2017, de 26 de abril, ECLI:ES:TS:2017:1591**:

«"Trabajo para la casa". Establece el artículo 1438 del C. Civil: "Los cónyuges contribuirán al sostenimiento de las cargas del matrimonio. A falta de convenio lo harán proporcionalmente a sus respectivos recursos económicos. El trabajo para la casa será computado como contribución a las cargas y dará derecho a obtener una compensación que el Juez señalará, a falta de acuerdo, a la extinción del régimen de separación". De este precepto se deduce que el trabajo para la casa se considera una contribución al sostenimiento de las cargas del matrimonio (arts. 1318 y 1362 del C. Civil). En la sentencia recurrida se entiende que el trabajo efectuado por la esposa colaborando en la empresa regentada por el marido, en régimen de autónomo y con un salario de 600 euros, puede equipararse al "trabajo en el hogar", si bien dado que en otros períodos trabajó ella "por cuenta ajena", pondera la indemnización a conceder declarando: "Valorando que la esposa ha trabajado y compatibilizado las labores del hogar hasta 2005, plenamente desde 2005 hasta el 2007 y parcialmente desde 2007 aunque haya figurado como autónoma en el negocio familiar resulta obvio que con el trabajo en el hogar ha contribuido a las cargas del matrimonio, se calcula ponderadamente durante aproximadamente 7 años y medio dado que la dedicación durante varios periodos era parcial en función de las circunstancias concurrentes (aproximadamente 90 meses a razón de una compensación de 300 euros mensuales), procediendo fijar dicha indemnización en la suma total de 27.000 euros". Cuando se introduce el último apartado del artículo 1438 en el Código Civil, se hace bajo la reforma de la Ley de 13 de mayo de 1981, que plasma el principio constitucional de igualdad (artículo 14 de la Constitución) y ello para evitar cualquier desequilibrio relacional en el sistema matrimonial. La regla sobre compensación contenida en el artículo 1438 del CC, dirigida a mitigar la desconsideración de que es objeto en el régimen de separación el cónyuge que se dedica de forma exclusiva al trabajo para la casa, pudo responder en su origen al presupuesto de quien solo se había dedicado al hogar y no había realizado ninguna suerte de actividad remunerada. En la realidad social actual (artículo 3.1 del C. Civil), más allá de aquella inspiración que movió al legislador a introducir una compensación económica para ese cónyuge, parece oportuno atender a la situación frecuente de quien ha trabajado con mayor intensidad para la casa pero, al mismo tiempo, ha colaborado con la actividad profesional o empresarial del otro, fuera por tanto del ámbito estrictamente doméstico, aun cuando medie remuneración, sobre todo si esa colaboración se compatibiliza y organiza en función de las necesidades y organización de la casa y la familia. En el presente caso, es relevante que la esposa trabajó en la casa y, además, en el negocio familiar con un salario moderado y contratada como autónoma en el negocio de su suegra, lo que le privaba de indemnización por despido. Por tanto esta sala debe declarar que la colaboración en actividades profesionales o negocios familiares, en condiciones laborales precarias, como es el caso, puede considerarse como trabajo para la casa que da derecho a una compensación, mediante una interpretación de la expresión "trabajo para la casa" contenida en el artículo 1438 del CC, dado que con dicho trabajo se atiende principalmente al sostenimiento de las cargas del matrimonio de forma similar al trabajo en el hogar. Con este pronunciamiento, se adapta la jurisprudencia de esta sala, recogida entre otras en sentencias 534/2011 135/2015, al presente supuesto en el que la esposa no solo trabajaba en el hogar sino que además trabajaba en el negocio familiar (del que era titular su suegra) con un salario moderado y contratada como autónoma en el negocio de su suegra, lo que le privaba de indemnización por despido, criterio que ya se anticipaba en sentencia 136/2017, de 28 de febrero que atiende para denegar el derecho a la compensación económica citada a que la realización de un trabajo fuera del hogar se haya realizado "por cuenta ajena"».

-**Sobre la cuantificación de la compensación** establece el alto tribunal que tendrá que fijarla el juez, a falta de acuerdo entre en los cónyuges, según los siguientes criterios:

«La forma de determinar cuantía de la compensación ofrece algunos problemas. En la sentencia de esta Sala de 14 de julio de 2011 se dijo que el artículo 1438 del CC se remite al convenio, o sea a lo que los cónyuges, al pactar este régimen, puedan establecer respecto a los parámetros a utilizar para fijar la concreta cantidad debida y la forma de pagarla. Ahora bien, esta opción no se utiliza, como sería deseable, ni se ha utilizado en este caso por lo que entonces será el juez quien deba fijarla, para lo cual el Código no contiene ningún tipo de orientación que no sea la que resulta de una norma especial en el marco del régimen económico matrimonial de separación de bienes y no del de participación de los artículos 1411 y siguientes del Código Civil. Una de las opciones

> posibles es el equivalente al salario mínimo interprofesional o la equiparación del trabajo con el sueldo que cobraría por llevarlo a cabo una tercera persona, de modo que se contribuye con lo que se deja de desembolsar o se ahorra por la falta de necesidad de contratar este servicio ante la dedicación de uno de los cónyuges al cuidado del hogar. Sin duda es un criterio que ofrece unas razonables y objetivas pautas de valoración, aunque en la práctica pueda resultar insuficiente en cuanto se niega al acreedor alguno de los beneficios propios de los asalariados que revierten en el beneficio económico para el cónyuge deudor y se ignora la cualificación profesional de quien resulta beneficiado. Pero nada obsta a que el juez utilice otras opciones para fijar finalmente la cuantía de la compensación, teniendo en cuenta que uno de los cónyuges sacrifica su capacidad laboral o profesional a favor del otro, sin generar ingresos propios ni participar en los del otro» **(STS n.º 614/2015, de 25 de noviembre, ECLI:ES:TS:2015:4897)**.

Según esta sentencia algunos criterios que deben tenerse en cuenta: son los años de convivencia y al apoyo que la esposa ha tenido de terceras personas en la realización de las tareas del hogar, sin que la situación patrimonial que pretende hacer valer el esposo sea óbice para ello.

> «(...) cuya cuantificación se efectuará, con libertad de criterio, en el trámite de ejecución de sentencia sin exceder de la solicitada, y sin tomar en consideración el posible incremento patrimonial de uno de los cónyuges, del que pueda ser participe el otro». **(STS n.º 185/2017, de 14 de marzo. ECLI:ES:TS:2017:977)**.

Por lo expuesto,

SUPLICO AL JUZGADO:

Que tenga por presentado este escrito con sus copias y documentos, se sirva admitirlos, y tenga por interpuesta **DEMANDA DE DIVORCIO**, la admita a trámite y, previos los trámites legales oportunos, dicte sentencia cuyo fallo disponga lo siguiente:

1) Se declare la disolución del matrimonio, decretando el divorcio del matrimonio.

2) Se acuerde una compensación a mi mandante por el trabajo realizado en el hogar de [NÚMERO] euros.

Por ser Justicia que pido en [LOCALIDAD] a [DÍA] de [MES] de [AÑO].

Ldo. [NOMBRE Y FIRMA LETRADO] | Proc. [NOMBRE Y FIRMA PROCURADOR]

OTROSÍ DIGO: siendo intención de esta parte cumplir con todos los requisitos legales, a tenor de lo previsto en el artículo 231 de la Ley de Enjuiciamiento Civil, se solicita se le diere traslado de cualquier defecto que adoleciere este recurso, para la inmediata subsanación de la misma.

SUPLICO A LA SALA:

Que tenga por efectuada la anterior manifestación a los efectos oportunos.

Por ser de justicia, fecha y lugar *ut supra*.

(1) Explicar detalladamente y acreditar la dedicación de la demandante a las tareas del hogar.

(2) El Código Civil ha sufrido una modificación por la publicación de la Ley 17/2021, de 15 de diciembre, de modificación del Código Civil, la Ley Hipotecaria y la Ley de Enjuiciamiento

Civil, sobre el régimen jurídico de los animales, por la que se reconoce a los animales como seres vivos dotados de sensibilidad. Por ello, se introducen en las normas relativas a las crisis matrimoniales preceptos destinados a concretar el régimen de convivencia y cuidado de los animales de compañía, cuestión que ya ha sido objeto de controversia en nuestros tribunales. Para ello, se contempla el pacto sobre los animales domésticos y se sientan los criterios sobre los cuales los tribunales deben tomar la decisión de a quién entregar el cuidado del animal, atendiendo a su bienestar. Se modifican (en materia de crisis matrimoniales) los artículos 90-92, se añade un nuevo artículo 94 bis y se modifica también el art. 103 todos ellos del CC, con entrada en vigor el 05/01/2021.

Convenio regulador de separación de mutuo acuerdo con liquidación de régimen y compensatoria, con hijos

En [CIUDAD] a [DÍA] de [MES] de [AÑO]

REUNIDOS

De una parte, don/doña [NOMBRE] con DNI [DNI], y domicilio en [DOMICILIO] de [CIUDAD].

De otra parte, don/doña [NOMBRE] con DNI [DNI], y domicilio en [DOMICILIO] de [CIUDAD].

Ambas partes comparecen en nombre propio y derecho, y se reconocen capacidad legal para el otorgamiento del presente **CONVENIO REGULADOR de separación de común acuerdo**, de conformidad con el artículo 81.1 del Código Civil, y establecen el siguiente contenido de acuerdo con el artículo 90 del mismo cuerpo legal y,

MANIFIESTAN

PRIMERO.- Contrajeron matrimonio [CIVIL/CANÓNICO] el [DÍA] de [MES] de [AÑO], en [LOCALIDAD], estando inscrito actualmente en el tomo [NÚMERO], página [NÚMERO], de la Sección de Matrimonios del Registro Civil de [LOCALIDAD].

SEGUNDO.- Fruto de dicho matrimonio nacieron [NÚMERO] hijos, [NOMBRE], fecha de nacimiento [DÍA] de [MES] de [AÑO] y [NOMBRE], fecha de nacimiento [DÍA] de [MES] de [AÑO], inscritos en el Registro Civil de [LOCALIDAD] en el tomo [NÚMERO], página [NÚMERO], y en el tomo [NÚMERO], página [NÚMERO], respectivamente.

TERCERO.- El régimen económico del matrimonio es el de [ESPECIFICAR].

CUARTO.- Siendo imposible continuar con la relación matrimonial, han dado por finalizada su relación en [FECHA], por lo que han llegado al acuerdo de suscribir el presente convenio regulador, en base a las siguientes,

ESTIPULACIONES

I.- PATRIA POTESTAD (1)

La patria potestad se ejercerá conjuntamente por ambos progenitores, actuando siempre en beneficio de sus hijos y de acuerdo con su personalidad. No obstante, serán válidos los actos realizados por cualquiera de ellos en situaciones de urgente necesidad, poniendo los hechos inmediatamente en conocimiento del otro.

II.- GUARDA Y CUSTODIA DE LOS HIJOS

La guarda y custodia de ambos hijos se atribuye a don/doña [NOMBRE], con el/la que convivirán.

III.- COMUNICACIONES Y ESTANCIAS

III.1. Don/Doña [NOMBRE] podrá estar en compañía de sus hijos de la manera siguiente:

a) Semanal: don/doña [NOMBRE] podrá tener consigo a los hijos un fin de semana de cada dos, de sábado por la mañana a domingo por la tarde, recogiéndolos y devolviéndolos en el domicilio del otro progenitor, en horas que respeten el horario habitual de los niños.

Podrá igualmente tener consigo a los hijos una tarde entre semana, entre martes o jueves, a convenir entre los progenitores, recogiéndolos en el colegio, y devolviéndolos en el domicilio del otro progenitor.

b) Periodos de vacaciones: Por Navidad, los hijos pasarán la mitad de sus vacaciones escolares con cada uno de los progenitores, rotando éstos anualmente el período que pasarán con cada uno, empezando este año con la primera porción con don/doña [NOMBRE] y la segunda con don/doña [NOMBRE], sin perjuicio de intercambiarse el turno por acuerdo de los progenitores.

En Semana Santa, los hijos pasarán un año con cada uno de los progenitores en años alternos.

Durante el período de vacaciones escolares de verano, correspondiente a los meses de julio y agosto, pasarán los hijos un mes con don/doña [NOMBRE] y otro con don/doña [NOMBRE], a convenir entre éstos con la suficiente antelación, y caso de desacuerdo, don/doña [NOMBRE] elegirá los años pares y don/doña [NOMBRE] los impares.

III.2. Como régimen de visitas a favor de los abuelos se establece el siguiente:

c) En general: en los fines de semana y periodos vacacionales en que a don/doña [NOMBRE] corresponda tener consigo a los hijos, si el mismo estuviera fuera de la localidad, como ocurre por motivos laborales, podrán encargarse de tener consigo a aquéllos los abuelos [ESPECIFICAR], [NOMBRE] y [NOMBRE], quienes les recogerán y devolverán en el domicilio de don/doña [NOMBRE], como sea de costumbre, pudiendo pasar estos periodos los menores en el domicilio, bien del progenitor, bien en el de los abuelos.

d) Semanal: una tarde de la semana, de martes a jueves, aparte de la que haya elegido don/doña [NOMBRE] por corresponderle, los abuelos [ESPECIFICAR] podrán tener en su compañía a los nietos, tomándolos a la salida del colegio y devolviéndolos antes de las 22.00 horas al domicilio de don/doña [NOMBRE].

III.3. Normas generales.

e) Se favorecerán las relaciones de los hijos, no sólo con los abuelos, como se regula, sino con los parientes de don/doña [NOMBRE], en especial, con [NOMBRE] y [NOMBRE].

f) Las visitas pactadas como semanales ordinarias se suspenderán durante los periodos de vacaciones.

g) El progenitor o abuelo que se encuentre con los hijos permitirá y facilitará en todo momento la comunicación con cualquiera de los progenitores, otros abuelos, parientes y allegados de la familia, siempre que ésta no se produzca de forma caprichosa, injustificada o fuera de las horas normales para ello.

h) Cualquiera de los progenitores o abuelos que traslade a los menores de un lugar conocido a otro desconocido, lo comunicará a los demás, y dará también el nuevo teléfono, si lo hubiere.

i) En caso de enfermedad de los hijos, cualquiera de los progenitores deberá comunicárselo al otro, y en caso de estancia con los abuelos, comunicárselo a los dos progenitores, permitiendo la visita en el domicilio al progenitor o abuelo que lo interese y, en todo caso, deberá considerarse la opinión de progenitores y abuelos en lo relativo a médicos, tratamientos, hospitales, etc.

j) Los progenitores se comprometen a interpretar este convenio tomando siempre en consideración el interés y protección de los menores, y a evitar cualquier actitud que afecte el cariño y respeto de los hijos hacia ambos, y hacia cualquiera de sus abuelos.

IV.- ATRIBUCIÓN DEL USO DE LA VIVIENDA FAMILIAR

Se atribuye a don/doña [NOMBRE] y sus hijos el uso de la vivienda familiar sita en la calle [CALLE] piso n.° [NÚMERO] letra [DESCRIPCIÓN], así como el uso del ajuar familiar en ella existente, por ser a quien corresponde la guarda y custodia de los hijos.

V.- ALIMENTOS Y SUSTENTO DE LOS HIJOS MENORES DE EDAD

Se fija la cantidad de [CANTIDAD EN LETRA] euros ([CANTIDAD] euros) mensuales en concepto de contribución de don/doña [NOMBRE] a los alimentos para sus hijos.

Dicha cantidad será ingresada mensualmente, por meses anticipados, dentro de los cinco primeros días de cada mes, en el siguiente número de cuenta [ESPECIFICAR].

Esta cantidad será revisada anualmente en proporción a las variaciones del [ÍNDICE DE ACTUALIZACIÓN] que publique el Instituto Nacional de Estadística o cualquier otro organismo público que en el futuro pudiera cumplir análoga misión.

Los gastos extraordinarios de los hijos, de tratamiento médico, farmacia, gafas, lentillas, ortodoncia, ortopedia, audífonos, no cubiertos por el sistema público de salud o una entidad médica privada serán abonados por mitad por ambos progenitores, y los relativos a gastos por clases extraordinarias de repaso, viajes escolares de los menores, clases extraescolares de [ESPECIFICAR], actividades deportivas serán a cargo, por mitad, de ambos progenitores, siempre que previamente se haya prestado su conformidad o así vengan recomendados por el centro escolar, caso contrario serán sufragados por el progenitor que haya decidido su realización. Cualesquiera otros deberán ser pactados previamente.

VI.- COMPENSACIÓN POR DESEQUILIBRIO (2)

Don/Doña [NOMBRE] abonará a don/doña [NOMBRE] en concepto de pensión compensatoria la cantidad de [CANTIDAD EN LETRA] euros ([CANTIDAD] euros) mensuales.

Dicha cantidad será ingresada mensualmente y revisada anualmente a tenor de lo establecido en el apartado anterior para los alimentos.

VII.- LIQUIDACIÓN DEL RÉGIMEN ECONÓMICO MATRIMONIAL

Los comparecientes acuerdan la disolución del régimen económico matrimonial, y su liquidación conforme a las siguientes reglas:

A) INVENTARIO

Activo:

- Bienes muebles:

1.° Acciones de la entidad [NOMBRE], sita en la calle [CALLE] de [LUGAR] a nombre de don/doña [NOMBRE], cuyo valor a fecha [FECHA] es de [CANTIDAD] €.

2.° Fondo de inversión n.° [NÚMERO] de la entidad [NOMBRE], sita en la calle [CALLE] de [LUGAR] a nombre de don/doña [NOMBRE], cuyo importe a fecha [FECHA] es de [CANTIDAD] €.

3.º Cuenta corriente n.º [NÚMERO] de la entidad [NOMBRE], sucursal [NOMBRE], sita en la calle [CALLE] de [LUGAR] a nombre de don/doña [NOMBRE], cuyo importe a fecha [FECHA] es de [CANTIDAD] €.

4.º Cuenta corriente n.º [NÚMERO] de la entidad [NOMBRE], sucursal [NOMBRE], sita en la calle [CALLE] de [LUGAR] a nombre de don/doña [NOMBRE], cuyo importe a fecha [FECHA] es de [CANTIDAD] €.

- **Bienes inmuebles:**

5.º Vivienda que constituye el domicilio familiar, sita en la calle [CALLE], n.º [NÚMERO] de [LUGAR].

Título.- Les corresponde a los comparecientes por compra, constante el matrimonio, según escritura pública otorgada ante el notario/a don/doña [NOMBRE_NOTARIO], el día [FECHA], con el n.º [NÚMERO] de su protocolo.

Inscripción. Inscrita en el Registro de la Propiedad n.º [NÚMERO] de [LOCALIDAD], libro [NÚMERO], sección [NÚMERO], folio [NÚMERO], inscripción n.º [NÚMERO].

Cargas: se halla gravada con la hipoteca que se describe en el pasivo.

Ref. Catastral: [NÚMERO].

Valoración: se valora, según tasación solicitada por ambos cónyuges, en la cantidad de [CANTIDAD] euros.

6.º Vivienda sita en la calle [CALLE], n.º [NÚMERO] de [LUGAR].

Título.- Les corresponde a los comparecientes por compra, constante el matrimonio, según escritura pública otorgada ante el notario/a don/doña [NOMBRE_NOTARIO], el día [FECHA], con el n.º [NÚMERO] de su protocolo.

Inscripción. Inscrita en el Registro de la Propiedad n.º [NÚMERO] de [LOCALIDAD], libro [NÚMERO], sección [NÚMERO], folio [NÚMERO], inscripción n.º [NÚMERO].

Cargas: se halla gravada con la hipoteca que se describe en el pasivo.

Ref. Catastral: [NÚMERO].

Valoración: se valora, según tasación solicitada por ambos cónyuges, en la cantidad de [CANTIDAD] euros.

Pasivo:

1. Préstamo con garantía hipotecaria sobre la vivienda que se describe en el n.º 5 del activo, a favor de la entidad [NOMBRE] sita en la calle [CALLE] de [LOCALIDAD], cuyo importe no satisfecho a fecha [FECHA] es de [CANTIDAD] euros.

2. Préstamo personal concedido por la entidad [NOMBRE] sita en la calle [CALLE] de [LOCALIDAD], cuyo importe pendiente de pago a fecha [FECHA] es de [CANTIDAD] euros.

B) EL TOTAL DE LOS BIENES INVENTARIADOS DEDUCIDO EL PASIVO DEL ACTIVO DE LA SOCIEDAD IMPORTA LA CANTIDAD DE [CANTIDAD] **euros.**

C) LIQUIDACIÓN Y REPARTO (3)

A don/doña [NOMBRE] **se le adjudica:**

a) La copropiedad al 50 % de la finca descrita en el n.º 5 de los bienes del activo.

b) El importe total de los depósitos en bolsa y del fondo de inversiones, descritos en los n.º 1 y 2 del activo.

c) El importe total de la cuenta corriente descrita en el n.º 3 del activo.

d) Corresponde al adjudicatario el abono total del préstamo personal descrito en el n.º 2 del pasivo.

A don/doña [NOMBRE] **se le adjudica:**

a) La copropiedad al 50 % de la finca descrita en el n.º 5 del activo, además del régimen de uso y disfrute, hasta que los menores alcancen independencia económica, en cuyo momento, salvo acuerdo en contrario de prórroga, se procederá a su venta.

b) La propiedad total de la finca descrita en el n.º 6 del activo.

c) El importe total de la cuenta corriente descrita en el n.º 4 del activo.

VIII.- Los cónyuges se obligan a firmar la documentación que sea necesaria para el fiel cumplimiento de lo pactado en este contrato, así como a efectuar las comparecencias ante oficinas públicas y privadas a las que sean requeridos para dicho fin.

Los cónyuges manifiestan su voluntad de acudir al tribunal competente para obtener su separación o divorcio, acompañando a la separación o divorcio convencional el convenio aquí estipulado.

En prueba de conformidad con todo lo acordado, firman los comparecientes el presente documento por triplicado y en todas sus hojas, en el lugar y fecha al principio indicados, quedando un ejemplar para cada cónyuge, y otro a los efectos de su aportación al juzgado, junto con la demanda de [SEPARACIÓN/DIVORCIO DE MUTUO ACUERDO] [DESCRIPCIÓN].

[FIRMAS]

---

(1) En caso de que los hijos sean mayores de edad o no exista descendencia, se hará constar en estos apartados simplemente que «nada procede acordar por cuanto los hijos del matrimonio han alcanzado la mayoría de edad o en su caso por cuanto no ha habido descendencia del matrimonio». Es útil hacer constar en el convenio de separación para evitar futuras discusiones sobre este particular que la obligación de satisfacer alimentos a los hijos no se extingue automáticamente por alcanzar la mayoría de edad, sino que se mantendrá hasta que los hijos alcancen la independencia económica de los padres.

(2) Puede indicarse la temporalidad de la misma.

(3) Téngase en consideración que estos pactos entre partes no surtirán efectos ante terceros acreedores, es decir, aunque las partes se obliguen individualmente al abono total de un préstamo o crédito, la entidad acreedora, en caso de impago, podrá dirigirse contra ambos para el caso de haberse suscrito en ganancialidad, por ambos, o incluso avalándose mutuamente.

Demanda de separación contenciosa. Con hijos. Guarda y custodia exclusiva. Pensión compensatoria

AL JUZGADO DE PRIMERA INSTANCIA DE [LOCALIDAD]

D./D.ª [NOMBRE PROCURADOR CLIENTE], procurador/a de los Tribunales con número de colegiado/a [NÚMERO], en nombre y representación de **D./D.ª** [NOMBRE CLIENTE], con domicilio en esta ciudad [DOMICILIO CLIENTE], y provisto/a de DNI número [NÚMERO], lo que acredito mediante poder [NOTARIAL/APUD ACTA] copia del cual adjunto como **documento n.º** [NÚMERO], bajo la dirección letrada de **D./D.ª** [NOMBRE], con n.º de colegiado/a [NÚMERO] por el ICA de [LOCALIDAD], ante el juzgado comparezco y, como mejor proceda en derecho, **DIGO**:

Que mediante la presente, interpongo **DEMANDA DE SEPARACIÓN MATRIMONIAL** contra **D./D.ª** [NOMBRE PARTE CONTRARIA], con domicilio en esta ciudad [DOMICILIO PARTE CONTRARIA], mayor de edad y provisto/a de DNI número [NÚMERO]; y ello con base en los siguientes,

HECHOS

PRIMERO.- D./D.ª [NOMBRE CLIENTE], mi mandante, contrajo matrimonio [CIVIL/CANÓNICO] con la parte demandada el [FECHA], encontrándose inscrito en el Registro Civil de [LUGAR], al libro [NÚMERO], tomo [NÚMERO], folio [NÚMERO].

Se adjunta como **documento n.º** [NÚMERO] certificado de la inscripción del matrimonio.

SEGUNDO.- De dicho matrimonio nacieron [NÚMERO] hijos, [NOMBRE] y [NOMBRE] en fechas [FECHA] y [FECHA] respectivamente.

Se acompañan como **documento n.º** [NÚMERO] y [NÚMERO] las certificaciones de las respectivas inscripciones de nacimiento.

TERCERO.- Durante los años [AÑO] a [AÑO] en que ambos cónyuges mantuvieron la convivencia, el domicilio familiar se encontraba en esta ciudad en [DOMICILIO], según se acredita con la aportación, como **documento n.º** [NÚMERO], certificación de empadronamiento.

CUARTO.- El régimen económico del matrimonio es [RÉGIMEN ECONÓMICO MATRIMONIAL].

QUINTO.- En consecuencia, habiendo transcurrido más de tres meses desde la celebración del matrimonio, artículo 81.2 del Código Civil, es voluntad de mi mandante poner término a la situación de convivencia que el mismo implica, interesando que se decrete judicialmente la separación conyugal.

SEXTO.- En aras de salvaguardar el interés superior de los menores, esta parte interesa la adopción de las medidas que se relatan a continuación.

1.- De la patria potestad y guarda y custodia

Aunque es menester que la patria potestad de los menores sea atribuida a ambas partes, en atención a la actual situación de los actuantes, la guardia y custodia de los niños debe corresponder en exclusiva a mi mandante, toda vez que [ESPECIFICAR LOS MOTIVOS POR LOS QUE ES MÁS RECOMENDABLE LA GUARDA Y CUSTODIA EN EXCLUSIVA].

Y es lo anterior lo que mayor beneficio aporta a los menores, sin perjuicio de que en un futuro se pueda solicitar inclusive de común acuerdo la guarda y custodia compartida.

Así, y en la actualidad, la adversa dispondría de un régimen amplio de visitas, que puede concretarse en [ESPECIFICAR].

2.- Uso y disfrute del domicilio

Se deberá establecer que el uso y disfrute del domicilio será para los menores y para el progenitor custodio, esto es, mi mandante.

3.- Alimentos

Asimismo, el progenitor no custodio, esto es, el/la demandado/a, deberá abonar en concepto de pensión de alimentos la cuantía de [CANTIDAD EN LETRA] euros ([CANTIDAD EN NÚMERO]) dentro de los cinco primeros días de cada mes y se actualice anualmente de conformidad con la variación que se produzca en el [ÍNDICE QUE SE UTILICE PARA LA ACTUALIZACIÓN] que anualmente se publiquen por el Instituto Nacional de Estadística u organismo, público o privado, que en el futuro le sustituya.

SÉPTIMO.- Pensión compensatoria

Mi poderdante ha cumplido siempre sus obligaciones familiares y conyugales, habiendo dedicado la totalidad de sus esfuerzos desde la celebración del matrimonio al cuidado de sus hijos, de la vivienda conyugal y de su familia, renunciando a desarrollar una actividad profesional que le permitiese obtener ingresos directos como consecuencia de su trabajo, situación que ahora redunda en una extraordinaria precariedad económica, que contrasta con la que disfruta D./D.ª [NOMBRE PARTE CONTRARIA], quien mantiene la situación económica superior de la que venía gozando en el matrimonio.

Es por ello por lo que se estima procedente el establecimiento de una pensión compensatoria a cargo de la parte demandada y a favor de mi principal de [CANTIDAD EN LETRA] euros ([CANTIDAD EN NÚMERO]) a abonar dentro de los cinco primeros días de cada mes y se actualice anualmente de conformidad con la variación que se produzca en el [ÍNDICE QUE SE UTILICE PARA LA ACTUALIZACIÓN] que anualmente se publiquen por el Instituto Nacional de Estadística u organismo, público o privado, que en el futuro le sustituya.

A los anteriores hechos resultan de aplicación los siguientes,

FUNDAMENTOS DE DERECHO

I.- JURISDICCIÓN Y COMPETENCIA

De tramitación ante la jurisdicción civil, según lo establecido en los arts. 9 y 21 de la Ley Orgánica del Poder Judicial (LOPJ).

Siendo competente el juzgado al que me dirijo, de conformidad con lo dispuesto en el artículo 769 de la Ley de Enjuiciamiento Civil (LEC).

II.- PROCEDIMIENTO

El procedimiento se sustanciará conforme a lo preceptuado en el art. 770 de la LEC **(1)**

> «1.ª A la demanda deberá acompañarse certificación de la inscripción del matrimonio, y en su caso, las de inscripción de nacimiento de los hijos en el Registro Civil, así como los documentos en que el cónyuge funde su derecho. Si se solicitan

medidas de carácter patrimonial, tanto la parte actora como la parte demandada deberán aportar los documentos de que dispongan que permitan evaluar la situación económica de los cónyuges, y en su caso, de los hijos, tales como declaraciones tributarias, nóminas, certificaciones bancarias, títulos de propiedad o certificaciones registrales. De igual forma se deberá acreditar, de existir, la resolución judicial o acuerdo en virtud del cual corresponde el uso de la vivienda familiar».

III.- CAPACIDAD Y LEGITIMACIÓN

Las partes ostentan capacidad procesal suficiente de conformidad con lo dispuesto en el art. 6 de la LEC **(2)**

Estando ambos legitimados en tanto en cuanto contrayentes del matrimonio.

IV.- POSTULACIÓN

Esta parte comparece representada por procurador/a y asistida por letrado/a, conforme a lo establecido en el art. 750 de la LEC.

V.- INTERVENCIÓN DEL MINISTERIO FISCAL

Dada la presencia de hijos menores del matrimonio, es preceptiva la intervención del Ministerio Fiscal, según lo establecido en el art. 749.2 de la LEC: «2. En los demás procesos a que se refiere este título **será preceptiva la intervención del Ministerio Fiscal, siempre que alguno de los interesados en el procedimiento sea menor**, persona con discapacidad o esté en situación de ausencia legal» **(3)**.

VI.- FONDO DEL ASUNTO

De la separación

Tal y como se establece en el artículo 81 del Código Civil, **(4)** se decretará judicialmente la separación, cualquiera que sea la forma de celebración del matrimonio, entre otros supuestos cuando lo solicite uno solo de los cónyuges y hubieren transcurrido tres meses desde la celebración del matrimonio:

> «Se decretará judicialmente la separación **cuando existan hijos menores no emancipados** o hijos mayores respecto de los que se hayan establecido judicialmente medidas de apoyo atribuidas a sus progenitores, cualquiera que sea la forma de celebración del matrimonio:
>
> 1.° A petición de ambos cónyuges o de uno con el consentimiento del otro, una vez transcurridos tres meses desde la celebración del matrimonio. A la demanda se acompañará una propuesta de convenio regulador redactada conforme al artículo 90 de este Código.
>
> 2.° **A petición de uno solo de los cónyuges, una vez transcurridos tres meses desde la celebración del matrimonio.** No será preciso el transcurso de este plazo para la interposición de la demanda cuando se acredite la existencia de un riesgo para la vida, la integridad física, la libertad, la integridad moral o libertad e indemnidad sexual del cónyuge demandante o de los hijos de ambos o de cualquiera de los miembros del matrimonio.
>
> A la demanda se acompañará propuesta fundada de las medidas que hayan de regular los efectos derivados de la separación».

Asimismo, el artículo 95 del mismo texto legal establece que la sentencia firme produce la disolución del régimen matrimonial.

De la patria potestad y guarda y custodia

Ha de acordarse la **permanencia exclusiva de los menores con D./D.ª** [NOMBRE CLIENTE], teniendo en cuenta que [ESPECIFICAR MOTIVOS POR LOS CUALES SE

DEBE ACORDAR LA GUARDA Y CUSTODIA EXCLUSIVA], y en aplicación de lo dispuesto tanto en la normativa de aplicación como en la totalidad de la jurisprudencia existente que observan el interés del menor como el objetivo principal de tal medida, interés que, en el caso que nos ocupa, advierte como necesario, al menos en las actuales circunstancias, el establecimiento de la guarda y custodia exclusiva a cargo de nuestro mandante.

Interés del menor que prevalece, cuya protección corresponde, en la primera instancia judicial, al juez a quo, así nos lo indica nuestro Tribunal Supremo **(STS n.º 482/2018, de 23 de julio, ECLI:ES:TS:2018:2833)**:

> «Respecto del régimen de guarda y custodia de los menores, ya sea como compartida, ya monoparental, esta sala viene reiterando (sentencias 301/2017, de 16 de mayo, 470/2017, de 19 de julio, 194/2018, de 6 de abril, entre otras) que la revisión de casación solo puede realizarse si el juez a quo ha aplicado incorrectamente el principio de protección del interés del menor a la vista de los hechos probados en la sentencia que se recurre, tal como afirma la STS 154/2012, de 9 marzo, con cita de las SSTS 579/2011, de 22 de julio y 578/2011, de 21 de julio. La razón se encuentra en que **"el fin último de la norma es la elección del régimen de custodia que más favorable resulte para el menor, en interés de este"** (STS de 27 de abril de 2012)».

Y en el caso que nos ocupa, el régimen de custodia más favorable para los menores, en sus intereses, es el de la guarda y custodia en exclusiva a cargo de mi mandante, y ello en tanto en cuanto, como ha quedado demostrado con la prueba adjunta, así como la que se practicará en la preceptiva vista, es deseable por la situación de la adversa circunscrita a [ESPECIFICAR MOTIVOS POR LOS QUE NO CONVIENE LA CUSTODIA COMPARTIDA].

De las visitas

A fin de dar cumplimiento al artículo 94 del Código Civil **(5)**, esta parte considera que, dadas las circunstancias de los menores, procede establecer que los mismos permanezcan en compañía del progenitor no custodio durante [ESPECIFICAR EL REGIMEN DE VISITAS DEL PROGENITOR NO CUSTODIO].

Si por alguna circunstancia D./D.ª [NOMBRE PARTE CONTRARIA], no pudiera recoger a los hijos en las horas indicadas deberá ponerlo en conocimiento de D./D.ª [NOMBRE CLIENTE] con, al menos, [NÚMERO] horas de antelación, en caso contrario se entenderá que desde las [NÚMERO] horas del viernes D./D.ª [NOMBRE CLIENTE] y/o los menores podrán realizar aquellas actividades que estimen oportunas.

Que asimismo, los menores permanecerán en compañía del progenitor no custodio parte de los periodos vacacionales de Navidad, Semana Santa, y verano siendo de por mitad, decidiendo en su defecto la madre en los años impares y el padre en los pares.

Se concretan los anteriores períodos vacacionales en [ESPECIFICAR].

Del uso y disfrute de la vivienda

Con respecto al uso y disfrute de la que hasta ahora ha constituido la vivienda familiar, procede su atribución a los menores y a mi mandante en la condición de progenitor custodio.

Artículo 96 del Código Civil:

> «1. En defecto de acuerdo de los cónyuges aprobado por la autoridad judicial, el uso de la vivienda familiar y de los objetos de uso ordinario de ella corresponderá a los hijos comunes menores de edad y al cónyuge en cuya

compañía queden, hasta que todos aquellos alcancen la mayoría de edad. Si entre los hijos menores hubiera alguno en una situación de discapacidad que hiciera conveniente la continuación en el uso de la vivienda familiar después de su mayoría de edad, la autoridad judicial determinará el plazo de duración de ese derecho, en función de las circunstancias concurrentes».

Sentencia del Tribunal Supremo n.º 221/2011, de 1 de abril, ECLI:ES:TS:2011:2053:

«la atribución del uso de la vivienda familiar a los hijos menores de edad es una manifestación del principio del interés del menor, que no puede ser limitada por el Juez, salvo lo establecido en el Art. 96 CC».

De la pensión de alimentos

Conforme previene el artículo 93 del Código Civil, en lo relativo a los efectos de determinar la pensión por alimentos, que ha de satisfacer la adversa para contribuir a los gastos de mantenimiento y educación de los menores, se considera adecuada la cantidad de [CANTIDAD EN LETRA] euros mensuales ([CANTIDAD]), que deberán hacerse efectivas dentro de los cinco primeros días de cada mes, mediante ingreso en la c/c n.º [NUMERO CUENTA CLIENTE] de la entidad [NOMBRE] bancaria de [LOCALIDAD], oficina [NÚMERO] sita en la c/ [NOMBRE] n.º: [NÚMERO] de [LOCALIDAD], revisable anualmente conforme a las variaciones que experimente el [ÍNDICE QUE SE UTILICE PARA LA ACTUALIZACIÓN] publicado periódicamente por el Instituto Nacional de Estadística u organismo que en el futuro le sustituya, revisión en la que también se tendrán en cuenta las circunstancias personales de cada uno de los comparecientes.

De la pensión compensatoria

Asimismo, al amparo de lo establecido en el artículo 97 del Código Civil, esta parte considera que resulta procedente el establecimiento de una pensión compensatoria a favor de mi mandante al hallarse ante un evidente desequilibrio en relación con la posición del demandado/a, que implica un empeoramiento en su situación económica con respecto a la que disfrutaba en el matrimonio.

A los efectos de fijar el importe de la mencionada pensión, esta parte considera necesario tener en cuenta los diversos factores que concurren en esta situación, como son la edad de mi mandante [NÚMERO] años, así como la falta de formación y estudios y al hecho de haber dedicado la totalidad de su tiempo al cuidado de su familia y no haber accedido por esas circunstancias a ningún puesto de trabajo. El matrimonio se benefició siempre de los ingresos laborales obtenidos por D./D.ª [NOMBRE PARTE_CONTRARIA], desarrollados en la empresa [NOMBRE_EMPRESA]. Acompañamos nómina correspondiente al mes de [MES], la última que nos ha sido posible disponer, como documento número [NÚMERO].

En atención a todo lo anterior, esta parte considera lo procedente el establecimiento de una pensión compensatoria a favor de mi mandante por importe de [CANTIDAD EN LETRA] euros mensuales ([CANTIDAD]), mediante ingreso en la c/c n.º [NUMERO CUENTA CLIENTE] de la entidad [NOMBRE] bancaria de [LOCALIDAD], oficina [NÚMERO] sita en la c/ [NOMBRE] n.º: [NÚMERO] de [LOCALIDAD], actualizable por períodos anuales de conformidad con las fluctuaciones del índice de precios al consumo.

A este respecto, se debe indicar que la misma, en principio, debe tener carácter indefinido, al no poder asegurar que, en un plazo de tiempo breve, se restaure el equilibrio económico a mi mandante.

Así, el Tribunal Supremo, en **sentencia n.º 692/2018 de 11 de diciembre, ECLI:ES:TS:2018:4238** mentando la **STS n.º 538/2017, de 2 de octubre, ECLI:ES:TS:2017:3379**, afirma:

> «la fijación temporal de la pensión ha de partir de la convicción del tribunal de que, dentro del plazo fijado, se ha de poder restaurar el equilibrio por los propios medios del cónyuge beneficiario. **Cuando no existe tal convicción** —como ocurre en el caso— **lo oportuno es el establecimiento de la pensión con carácter indefinido**, lo que no implica un derecho a cesar en la búsqueda de tal restauración del equilibrio mediante ingresos propios y la imposibilidad de solicitar una modificación de medidas cuando tal búsqueda no se produce, con la finalidad —que no puede encontrar amparo en derecho— de mantener el percibo de la pensión por parte de quien se beneficia de ella».

La STS n.º 545/2017, de 6 de octubre, ECLI:ES:TS:2017:3475, afirma que:

> «el argumento utilizado por la audiencia al destacar los escasos ingresos del esposo puede servir para adecuar la cuantía de la pensión mensual, como hizo la sentencia impugnada fijándola en 100 euros mensuales, pero no para fijar un límite temporal cuando no existen perspectivas de que la ahora recurrente pueda restablecer el equilibrio por sus propios medios, pues incluso en el supuesto de que pudiera continuar prestando servicio de limpieza en domicilios particulares el desequilibrio existiría, lo que impide aceptar las conclusiones a que llegó la Audiencia y lleva a establecer por ahora la pensión con carácter indefinido».

Posibilidad de modificación como indica la propia sentencia n.º 692/2018 de 11 de diciembre, ECLI:ES:TS:2018:4238:

> «Como corolario cabe decir que será posible la modificación de la medida en un futuro.
>
> La sala, como recoge la STS n.º 316/2015, de 2 de junio, ECLI:ES:TS:2015:2566, y cualquiera que sea la duración de la pensión 'ha considerado (STS 23 octubre 2012 y las en ellas citadas de 3 octubre 2008; 27 de junio de 2011) que: 'Por lo que se refiere a su extinción posterior, esta Sala (SSTS de 3 de octubre de 2008, (rec. n.º 2727/2004), y 27 de junio de 2011 (rec. n.º 599/2009)) consideró, en síntesis, que cualquiera que sea la duración de la pensión "nada obsta a que, habiéndose establecido, pueda ocurrir una alteración sustancial de las circunstancias, cuya corrección haya de tener lugar por el procedimiento de modificación de la medida adoptada", lo que deja expedita la vía de los artículos 100 y 101 CC, siempre, lógicamente, que resulte acreditada la concurrencia del supuesto de hecho previsto en dichas normas. Por tanto, constituye doctrina jurisprudencial que el reconocimiento del derecho, incluso de hacerse con un límite temporal, no impide el juego de los artículos 100 y 101 CC "si concurren en el caso enjuiciado los supuestos de hecho previstos en dichas normas —alteración sustancial y sobrevenida de las circunstancias anteriores— (artículo 100 CC)"».

VII.- COSTAS

De conformidad con lo dispuesto en el art. 394 de la LEC, deberán ser impuestas a la parte demandada.

VIII.- *IURA NOVIT CURIA*

En todo lo no invocado resulta de aplicación el principio *iura novit curia*, plasmado en el párrafo segundo del punto primero del artículo 218 de la Ley de Enjuiciamiento Civil, en virtud del cual serán aplicables las demás normas que sean de pertinente, especial o general aplicación, y que el juzgador podrá tener en cuenta de oficio sin necesidad de que hayan sido previamente alegados o invocados por alguna de las partes intervinientes.

Por todo lo expuesto,

SUPLICO AL JUZGADO:

Tenga por presentado este escrito junto con sus copias y documentos adjuntos, los admita, les de la tramitación legal pertinente, y tras los trámites de rigor dicte sentencia declarando la separación matrimonial de D./D.ª [NOMBRE CLIENTE] y D./D.ª [NOMBRE PARTE CONTRARIA], y declare:

- La patria potestad de los menores compartida por ambos cónyuges, así como la guarda y custodia de los mismos a cargo de mi mandante, con el establecimiento del régimen de visitas reflejado en el antecedente fáctico [NÚMERO] a favor del demandado.

- El uso y disfrute del domicilio familiar sito en [ESPECIFICAR] corresponde a los menores y a mi mandante en la condición de progenitor custodio.

- La obligación del demandado de abonar a los menores, en concepto de pensión de alimentos, la cantidad de [CANTIDAD EN LETRA] euros mensuales ([CANTIDAD]) por cada uno de los hijos.

- La obligación del demandado de abonar a mi mandante, en concepto de pensión compensatoria la cantidad de [CANTIDAD EN LETRA] euros mensuales ([CANTIDAD]) de manera indefinida.

- Que ambas cantidades sean abonadas en los cinco primeros días de cada mes en la cuenta abierta en [NOMBRE DEL BANCO] número [NÚMERO], y se actualice anualmente de conformidad con la variación que se produzca en el [ÍNDICE QUE SE UTILICE PARA LA ACTUALIZACIÓN] que anualmente se publiquen por el Instituto Nacional de Estadística u organismo, público o privado, que en el futuro le sustituya.

- El cese la posibilidad de vincular bienes del otro cónyuge en el ejercicio de la potestad doméstica, cesando cualesquiera poderes que los cónyuges pudieran haber otorgado el uno a favor del otro.

Todo ello con expresa imposición en costas a la adversa.

Por ser justicia en [LOCALIDAD] a [FECHA].

Letrado/a D./D.ª [NOMBRE]
[NÚMERO_COLEGIADO ABOGADO_CLIENTE]

Procurador/a D./D.ª [NOMBRE]
[NÚMERO_COLEGIADO_ PROCURADOR_CLIENTE]

(1) Cabe advertir que la Ley 8/2021, de 2 de junio, por la que se reforma la legislación civil y procesal para el apoyo a las personas con discapacidad en el ejercicio de su capacidad jurídica, con entrada en vigor el 3 de septiembre de 2021, modifica la regla 4.ª y añade una regla 8.ª al contenido del procedimiento previsto en el artículo 770 de la Ley de Enjuiciamiento Civil. El RD-ley 6/2023, de 19 de diciembre, modifica el artículo 770.1 de la LEC con entrada en vigor el 20/03/2024.

(2) En cuanto a la capacidad y legitimación, hay que tener en cuenta que el artículo 7 de la LEC ha sufrido modificaciones por la Ley 8/2021, de 2 de junio, por la que se reforma la legislación civil y procesal para el apoyo a las personas con discapacidad en el ejercicio de su capacidad jurídica (con fecha de entrada en vigor de 3 de septiembre de 2021). Así, tras esta modificación, reconoce la legitimación a todas las personas para comparecer en juicio y, si

se tratara de menores de edad no emancipadas deberán comparecer mediante la representación, asistencia o autorización exigidos por la ley. En el caso de las personas con medidas de apoyo para el ejercicio de su capacidad jurídica, se estará al alcance y contenido de estas. Asimismo, mediante la citada ley también fue añadido el artículo 7 bis a la LEC regulando los ajustes para personas con discapacidad en materia de capacidad para ser parte, procesal y legitimación.

(3) La Ley 8/2021, de 2 de junio, por la que se reforma la legislación civil y procesal para el apoyo a las personas con discapacidad en el ejercicio de su capacidad jurídica, con entrada en vigor el 3 de septiembre de 2021, ha modificado los apartados 1 y 2 del artículo 749 de la Ley de Enjuiciamiento Civil.

(4) La Ley 8/2021, de 2 de junio, por la que se reforma la legislación civil y procesal para el apoyo a las personas con discapacidad en el ejercicio de su capacidad jurídica, con entrada en vigor el 3 de septiembre de 2021, modifica el párrafo primero del artículo 81 del Código Civil, quedando su contenido conforme los términos arriba transcritos.

(5) El contenido previsto en el artículo 94 del Código Civil ha sido modificado, con efectos de 3 de septiembre de 2021, en virtud de la entrada en vigor de la Ley 8/2021, de 2 de junio, por la que se reforma la legislación civil y procesal para el apoyo a las personas con discapacidad en el ejercicio de su capacidad jurídica.

Demanda de separación ante juzgado de violencia. Pensión compensatoria y medidas. No orden de protección civil

AL JUZGADO DE VIOLENCIA SOBRE LA MUJER DE [LOCALIDAD]

Procedimiento: Violencia de Género

Número: [NÚMERO] **/** [AÑO]

D./D.ª [NOMBRE PROCURADOR CLIENTE], procurador/a de los Tribunales en nombre y representación de **D./D.ª** [NOMBRE CLIENTE], con domicilio en esta ciudad [DOMICILIO CLIENTE], y provisto/a de DNI [NÚMERO] en virtud de poder [NOTARIAL/ APUD ACTA] que acompaño como **documento n.º** [NÚMERO] y bajo la dirección letrada de D./D.ª [NOMBRE ABOGADO CLIENTE], ante este juzgado comparezco y, como mejor proceda en derecho, **DIGO**:

Que por medio del presente escrito formulo **DEMANDA DE SEPARACIÓN Y SOLICITUD DE MEDIDAS PROVISIONALES COETÁNEAS** contra D./D.ª [NOMBRE PARTE CONTRARIA] con DNI [NÚMERO] y domicilio en [DOMICILIO PARTE CONTRARIA], y ello con base a los siguientes,

HECHOS

PRIMERO.- Mi representado/a contrajo matrimonio con D./D.ª [NOMBRE PARTE CONTRARIA] en [FECHA], inscrito en el Registro Civil de [LOCALIDAD] al libro [NÚMERO], tomo [NÚMERO], folio [NÚMERO].

Se adjunta como **documento n.º** [NÚMERO], copia de la inscripción del matrimonio en el Registro Civil de [LOCALIDAD].

SEGUNDO.- De dicho matrimonio, nació un/a hijo/a, de nombre [NOMBRE] de edad [NÚMERO] años.

Se adjunta como **documento n.º** [NÚMERO], copia de la inscripción de nacimiento.

TERCERO.- El domicilio conyugal se encuentra en [LOCALIDAD], [CALLE], [NÚMERO].

CUARTO.- El régimen económico del matrimonio es el de [DESCRIPCIÓN].

QUINTO.- Mi representado/a durante los años que ha durado esta relación matrimonial, se ha dedicado a tiempo completo al cuidado de la familia, hijo/s, casa, cumpliendo con todas sus obligaciones, abandonando la idea de poder trabajar, lo que ahora le implica encontrarse en una situación económica ínfima en relación con su cónyuge, que sigue con su trabajo estable de [DESCRIPCIÓN], y del que obtenía ingresos.

SEXTO.- Mi cliente, durante los últimos años de su matrimonio con D./D.ª [NOMBRE PARTE CONTRARIA], ha estado sufriendo malos tratos físicos y psicológicos, a través de vejaciones verbales y físicas, procediendo el [FECHA] a presentar denuncia ante [EL JUZGADO DE GUARDIA/GUARDIA CIVIL/POLICÍA NACIONAL] procediendo a la detención del ahora demandado e instrucción del pertinente procedimiento de violencia de género, ante este juzgado, con número de procedimiento [NÚMERO].

SÉPTIMO.- En el referido procedimiento, se dictó orden de protección en la que no se adoptó medida civil alguna, siendo únicamente acordado el alejamiento del demandado con respecto a la ahora actora.

OCTAVO.- Es interés de esta parte que tanto en la sentencia finalizadora de la separación como en el auto dimanante de la presente, se dicten las siguientes medidas:

- Se otorgue la guarda y custodia de los menores a mi mandante, toda vez que es con quien más tiempo pasan, y siendo tal medida la más beneficiosa para los menores en tanto en cuanto [ESPECIFICAR]. La patria potestad seguirá estando ejercida por ambos progenitores.

- El régimen de visitas que deberá regular las visitas de la adversa con las menores será el siguiente [ESPECIFICAR], si bien, teniendo en consideración la orden de alejamiento existente, se entiende necesario que la entrega y recogida de los menores bien se realice en un punto de encuentro, bien se realice por un familiar o amigo de ambas partes.

- Se atribuya el uso y disfrute del domicilio familiar a los menores y a mi mandante.

- Se establezca una pensión alimenticia a cargo de la adversa y a favor de los menores de [CANTIDAD EN LETRA] euros, ([CANTIDAD EN NÚMERO] €), pagaderos en los cinco primeros días de cada mes en la cuenta n.º [NÚMERO] y actualizada anualmente conforme al Índice [ESTABLECER ÍNDICE DE ACTUALIZACIÓN].

- Se establezca una pensión compensatoria a cargo de la adversa y a favor de la actora de [CANTIDAD EN LETRA] euros, ([CANTIDAD EN NÚMERO] €), pagaderos en los cinco primeros días de cada mes en la cuenta n.º [NÚMERO] y actualizada anualmente conforme al Índice [ESTABLECER ÍNDICE DE ACTUALIZACIÓN].

A los anteriores hechos le son de aplicación los siguientes,

FUNDAMENTOS DE DERECHO

I.- JURISDICCIÓN Y COMPETENCIA

De tramitación ante la jurisdicción civil, según lo establecido en los **arts. 9 y 21 de la Ley Orgánica del Poder Judicial (LOPJ)**.

Es competente el juzgado al que me dirijo, de conformidad con lo dispuesto en el **apartado 3 d) del artículo 87 ter de la LOPJ** que prevé competencia exclusiva y excluyente en el orden civil a los Juzgados de Violencia sobre la Mujer cuando se hayan iniciado ante el mismo actuaciones penales por delito o falta a consecuencia de un acto de violencia sobre la mujer, o se haya adoptado una orden de protección a una víctima de violencia de género.

En virtud del artículo 769 de la Ley de Enjuiciamiento Civil (LEC), es competente el juzgado de primera instancia del lugar del domicilio conyugal, y de acuerdo con el citado artículo 87.2 ter de la LOPJ: «Los Juzgados de Violencia sobre la Mujer podrán conocer en el orden civil, en todo caso de conformidad con los procedimientos y recursos previstos en la Ley de Enjuiciamiento Civil».

II.- CAPACIDAD Y LEGITIMACIÓN

Las partes están capacitadas para entablar la presente relación jurídico procesal, conforme a los **artículos 6 y siguientes de la LEC**.

D./D.ª [NOMBRE CLIENTE] posee legitimación activa para ejercitar la acción de divorcio conforme al **artículo 86 del Código Civil (CC)** y solicitud de ratificación de medidas civiles conforme al **544 ter de la Ley de Enjuiciamiento Criminal (LECrim)**.

III.- POSTULACIÓN Y DEFENSA

De conformidad con el **artículo 750 de la LEC**, esta parte actúa representada por procurador/a y asistida de abogado/a.

IV.- PROCEDIMIENTO

Establece el **artículo 753 de la LEC** que se sustanciará por los trámites del juicio verbal, con las especificidades establecidas en el **art. 770 de la LEC** y siguientes, dictando este que: «Las demandas de separación y divorcio, salvo las previstas en el artículo 777, las de nulidad del matrimonio y las demás que se formulen al amparo del título IV del libro I del Código Civil, se sustanciarán por los trámites del juicio verbal, (...)» **(1) (2)**.

V.- INTERVENCIÓN DEL MINISTERIO FISCAL

Es preceptiva la intervención del Ministerio Público en aplicación del art. 749 de la LEC, en atención a la existencia de hijos menores.

VI.- FONDO DEL ASUNTO

De la separación judicial

Artículo 81 del CC sobre la separación:

> «Se decretará judicialmente la separación cuando existan hijos menores no emancipados o hijos mayores respecto de los que se hayan establecido judicialmente medidas de apoyo atribuidas a sus progenitores, cualquiera que sea la forma de celebración del matrimonio: (...) 2.° A petición de uno solo de los cónyuges, una vez transcurridos tres meses desde la celebración del matrimonio. No será preciso el transcurso de este plazo para la interposición de la demanda cuando se acredite la existencia de un riesgo para la vida, la integridad física, la libertad, la integridad moral o libertad e indemnidad sexual del cónyuge demandante o de los hijos de ambos o de cualquiera de los miembros del matrimonio».

En este caso, queda acreditada la existencia de un riesgo para la vida como para la integridad física y moral, tras sufrir diversas agresiones físicas, como así queda constancia en el documento n.° [NÚMERO], relativo a la asistencia médica prestada tras la última agresión física.

De los menores

Respecto a los menores, resultará de aplicación el **artículo 92 del CC**, por cual entendemos que la **custodia** le debe corresponder a D./D.ª [NOMBRE CLIENTE], ya que el interés mayor de protección que prima en estos supuestos, es el de los hijos, y entendemos que es preferible y mejor para estos estar bajo la **guarda y custodia de D./D.ª** [NOMBRE CLIENTE], con el siguiente régimen de visitas a favor del demandado [ESPECIFICAR].

Interés del menor que prevalece, cuya protección corresponde, en la primera instancia judicial, al juez a quo, así nos lo indica nuestro Tribunal Supremo en **STS n.° 482/2018, de 23 de julio, ECLI:ES:TS:2018:2833**:

> «Respecto del régimen de guarda y custodia de los menores, ya sea como compartida, ya monoparental, esta sala viene reiterando (sentencias 301/2017, de 16 de mayo, 470/2017, de 19 de julio, 194/2018, de 6 de abril, entre otras) que la revisión de casación solo puede realizarse si el juez a quo ha aplicado incorrectamente el principio de protección del interés del menor a la vista de

los hechos probados en la sentencia que se recurre, tal como afirma la STS 154/2012, de 9 marzo, con cita de las SSTS 579/2011, de 22 julio y 578/2011, de 21 julio. La razón se encuentra en que "el fin último de la norma es la elección del régimen de custodia que más favorable resulte para el menor, en interés de este" (STS 27 de abril de 2012)».

En atención a lo anterior, y de conformidad con lo dispuesto en el **art. 93** del CC, teniendo en consideración, no sólo los emolumentos del demandado, sino también las necesidades de los menores, D./D.ª [NOMBRE PARTE CONTRARIA] deberá contribuir a los gastos necesarios con la cantidad de [CANTIDAD EN LETRA] euros, ([CANTIDAD EN NÚMERO]), pagaderos en los cinco primeros días de cada mes en la cuenta n.º [NÚMERO] y actualizada anualmente conforme al Índice [ESTABLECER ÍNDICE DE ACTUALIZACIÓN].

Del uso y disfrute del domicilio

La vivienda conyugal, por aplicación del **artículo 96 del CC**, debe concederse a los menores y, por tanto, a mi mandante en tanto en cuanto progenitor custodio. En este sentido, la STS n.º 221/2011, de 1 de abril, ECLI:ES:TS:2011:2053 fija doctrina en el sentido de estimar que «la atribución del uso de la vivienda familiar a los hijos menores de **edad es una manifestación del principio del interés del menor, que no puede ser limitada por el Juez**, salvo lo establecido en el art. 96 CC».

De la pensión compensatoria

Al amparo de lo establecido en el **artículo 97 del Código Civil**, esta parte considera que resulta procedente el establecimiento de una pensión compensatoria a favor de mi mandante al hallarse ante un evidente desequilibrio en relación con la posición del demandado/a, que implica un empeoramiento en su situación económica con respecto a la que disfrutaba en el matrimonio.

Jurisprudencialmente se indica «que para determinar la existencia de desequilibrio económico generador de la pensión compensatoria debe tenerse en cuenta básicamente y entre otros parámetros, la dedicación a la familia y la colaboración con las actividades del otro cónyuge, el régimen de bienes a que ha estado sujeto el patrimonio de los cónyuges en tanto que va a compensar determinados desequilibrios y su situación anterior al matrimonio»; así como que «La fijación temporal de la pensión ha de partir de la convicción del tribunal de que, dentro del plazo fijado, se ha de poder restaurar el equilibrio por los propios medios del cónyuge beneficiario. Cuando no existe tal convicción lo oportuno es el establecimiento de la pensión con carácter indefinido. (...)» **(STS, n.º 864/2010, de 19 de enero, ECLI:ES:TS:2010:327)**.

Cuya fijación **debe ser indefinida**: consideramos que mi representado/a tiene derecho a esta pensión compensatoria de carácter indefinido, debido al hechos de haber renunciado a trabajar y a no encontrarse cualificado/a, ya que solo obtenía ingresos del salario de D./D.ª [NOMBRE PARTE CONTRARIA], el/la cual cobraba y sigue cobrando la cantidad de [CANTIDAD] euros al mes, por el trabajo de [DESCRIPCION] que lleva desarrollando más de 20 años. Así la **sentencia del Tribunal Supremo n. º 538/2017, de 2 de octubre, ECLI:ES:TS:2017:3379**, rezando la misma que: «La fijación temporal de la pensión ha de partir de la convicción del tribunal de que, dentro del plazo fijado, se ha de poder restaurar el equilibrio por los propios medios del cónyuge beneficiario. Cuando no existe tal convicción, como ocurre en el caso, lo oportuno es el establecimiento de la pensión con carácter indefinido, lo que no implica un derecho a cesar en la búsqueda de tal restauración del equilibrio mediante ingresos propios y la imposibilidad de solicitar una modificación de medidas cuando tal búsqueda no se produce, con la finalidad —que no puede encontrar amparo en derecho— de mantener el percibo de la pensión por parte de quien se beneficia de ella (...)».

Así también, la **sentencia del Tribunal Supremo n.º 545/2017, de 6 de octubre, ECLI:ES:TS:2017:3475**: «(...) pero no para fijar un límite temporal cuando no existen perspectivas de que la ahora recurrente pueda restablecer el equilibrio por sus propios medios, pues incluso en el supuesto de que pudiera continuar prestando servicio de limpieza en domicilios particulares el desequilibrio existiría, lo que impide aceptar las conclusiones a que llegó la Audiencia y lleva a establecer por ahora la pensión con carácter indefinido».

VII.- COSTAS

En aplicación del art. 394.1 de la LEC, deberán imponerse las costas al demandado.

Por lo expuesto,

AL JUZGADO SUPLICO:

Que tenga por presentado este escrito junto con sus documentos y copias, y proceda admitir la **DEMANDA DE SEPARACIÓN MATRIMONIAL** contra D./D.ª [NOMBRE PARTE CONTRARIA], se me tenga por comparecido y parte en la representación que acredito y se entiendan conmigo, D./D.ª [NOMBRE PROCURADOR CLIENTE] las actuaciones que se vayan sucediendo, y tras los trámites oportunos, se dicte sentencia en la que se **declare la separación matrimonial**, con disolución del régimen económico del matrimonio, cesando cualesquiera de los poderes que los cónyuges pudieran haberse otorgado durante el matrimonio, y **DECRETE**:

- La guarda y custodia de los menores a mi mandante, toda vez que es con quien más tiempo pasan, y siendo tal medida la más beneficiosa para los menores en tanto en cuanto [ESPECIFICAR]. La patria potestad seguirá estando ejercida por ambos progenitores.

- Que el régimen de visitas que deberá regular las visitas de la adversa con las menores será el siguiente [ESPECIFICAR], si bien, teniendo en consideración la orden de alejamiento existente, se entiende necesario que la entrega y recogida de los menores bien se realice en un punto de encuentro, bien se realice por un familiar o amigo de ambas partes.

- Se atribuya el uso y disfrute del domicilio familiar a los menores y a mi mandante.

- Se establezca una pensión alimenticia a cargo de la adversa y a favor de los menores de [CANTIDAD EN LETRA] euros, ([CANTIDAD EN NÚMERO]), pagaderos en los cinco primeros días de cada mes en la cuenta n.º [NÚMERO] y actualizada anualmente conforme al Índice [ESTABLECER ÍNDICE DE ACTUALIZACIÓN].

- Se establezca una pensión compensatoria a cargo de la adversa y a favor de la actora de [CANTIDAD EN LETRA] euros, ([CANTIDAD EN NÚMERO]), pagaderos en los cinco primeros días de cada mes en la cuenta n.º [NÚMERO] y actualizada anualmente conforme al Índice [ESTABLECER ÍNDICE DE ACTUALIZACIÓN].

Por ser de justicia que se pide en [FECHA] y [LOCALIDAD].

Letrado/a D./D.ª [NOMBRE]
[NÚMEROCOLEGIADO_ABOGADO_CLIENTE]

Procurador/a D./D.ª [NOMBRE]
[NÚMEROCOLEGIADO_PROCURADOR_CLIENTE]

OTROSÍ DIGO PRIMERO: de conformidad con el artículo 773 de la LEC, esta parte solicita las siguientes medidas provisionales:

- La guarda y custodia de los menores a mi mandante.

- La patria potestad seguirá estando ejercida por ambos progenitores.

- Que el régimen de visitas que deberá regular las visitas de la adversa con las menores será el siguiente [ESPECIFICAR], si bien, teniendo en consideración la orden de alejamiento existente, se entiende necesario que la entrega y recogida de los menores bien se realice en un punto de encuentro, bien se realice por un familiar o amigo de ambas partes.

- Se atribuya el uso y disfrute del domicilio familiar a los menores y a mi mandante.

- Se establezca una pensión alimenticia a cargo de la adversa y a favor de los menores de [CANTIDAD EN LETRA] euros, ([CANTIDAD EN NÚMERO]), pagaderos en los cinco primeros días de cada mes en la cuenta n.º [NÚMERO] y actualizada anualmente conforme al Índice [ESTABLECER ÍNDICE DE ACTUALIZACIÓN].

SUPLICO AL JUZGADO:

Que tenga por interesadas las anteriores medidas y proceda a acordar las mismas. Con todo lo demás que sea procedente en derecho.

Por ser justicia, lugar y fecha *ut supra*.

Letrado/a D./D.ª [NOMBRE]
[NÚMEROCOLEGIADO ABOGADO_CLIENTE]

Procurador/a D./D.ª [NOMBRE]
[NÚMERO_COLEGIADO_PROCURADOR_CLIENTE]

OTROSÍ DIGO SEGUNDO: siendo intención de esta parte cumplir con todos los requisitos legales, a tenor de lo previsto en el artículo 231 de la Ley de Enjuiciamiento Civil, se solicita se le diere traslado de cualquier defecto que adoleciere la presente demanda, para la inmediata subsanación de la misma.

SUPLICO AL JUZGADO:

Que tenga por efectuada la anterior manifestación a los efectos oportunos.

Por ser de justicia, fecha y lugar *ut supra*.

Letrado/a D./D.ª [NOMBRE]
[NÚMEROCOLEGIADO ABOGADO_CLIENTE]

Procurador/a D./D.ª [NOMBRE]
[NÚMEROCOLEGIADO_PROCURADOR_CLIENTE]

(1) El art. 753.1 LEC ha sido modificado por el RD-ley 6/2023, de 19 de diciembre, con entrada en vigor el 20/03/2024. Hasta esa fecha, el referido precepto continúa aplicándose conforme a su redacción anterior, a saber: «1. Salvo que expresamente se disponga otra cosa, los procesos a que se refiere este título se sustanciarán por los trámites del juicio verbal. El letrado de la Administración de Justicia dará traslado de la demanda al Ministerio Fiscal, cuando proceda, y a las demás personas que, conforme a la ley, deban ser parte en el procedimiento, hayan sido o no demandados, emplazándoles para que la contesten en el plazo de veinte días, conforme a lo establecido en el artículo 405».

(2) La regla 1.ª del artículo 770 de la LEC ha sido modificada por el RD-ley 6/2023, de 19 de diciembre, con entrada en vigor el 20/03/2024. Hasta esa fecha, la meritada regla continúa aplicándose conforme a su redacción anterior, a saber: «A la demanda deberá acompañarse la certificación de la inscripción del matrimonio y, en su caso, las de inscripción de nacimiento de los hijos en el Registro Civil, así como los documentos en que el cónyuge funde su derecho. Si se solicitaran medidas de carácter patrimonial, el actor deberá aportar los documentos de que disponga que permitan evaluar la situación económica de los cónyuges y, en su caso, de los hijos, tales como declaraciones tributarias, nóminas, certificaciones bancarias, títulos de propiedad o certificaciones registrales».

Contestación a la demanda de reclamación de pensión compensatoria: preclusión del derecho

Procedimiento [NÚMERO] [AÑO]

AL JUZGADO DE PRIMERA INSTANCIA DE [LUGAR]

D./D.ª [NOMBRE_PROCURADOR_CLIENTE], procurador/a de los Tribunales, en representación de [NOMBRE_CLIENTE], según acredito mediante poder [APUD ACTA/ PODER GENERAL PARA PLEITOS], bajo la dirección del letrado [NOMBRE_ABOGADO_CLIENTE] con número de colegiado [NÚMERO_COLEGIADO_ABOGADO_CLIENTE], ante el juzgado comparezco y, como mejor proceda en derecho,

DIGO

Que por medio del presente escrito vengo a formular **CONTESTACIÓN A LA DEMANDA DE RECLAMACIÓN DE PENSIÓN COMPENSATORIA**, de conformidad con los siguientes,

HECHOS

PRIMERO.- Conformes con el correlativo.

Esta parte está conforme los hechos manifestados de adverso sobre la forma y fecha del matrimonio entre la actora y mi representado y su disolución por sentencia [NÚMERO] de [FECHA].

SEGUNDO.- Disconformes con el correlativo.

No procede la petición de pensión compensatoria por ser extemporánea según la jurisprudencia expuesta en los fundamentos de derecho.

En la demanda interpuesta en [FECHA] no se alegó el desequilibrio económico que ahora se manifiesta por la actora, por lo que la sentencia de divorcio no se pronunció sobre este extremo, quedando juzgados los efectos del divorcio en aquel procedimiento.

A los anteriores hechos le resultan de aplicación los siguientes,

FUNDAMENTOS DE DERECHO

I.- Conformes con los correlativos en cuanto a COMPETENCIA, LEGITIMACIÓN Y PROCEDIMIENTO.

II.- FONDO DEL ASUNTO

La pensión compensatoria se regula en el **artículo 97 del CC** que dispone:

> «El cónyuge al que la separación o el divorcio produzca un desequilibrio económico en relación con la posición del otro, que implique un empeoramiento en su situación anterior en el matrimonio, tendrá derecho a una compensación que podrá consistir en una pensión temporal o por tiempo indefinido, o en una prestación única, según se determine en el convenio regulador o en la sentencia».

El Tribunal Supremo ha declarado que el momento para reclamar la pensión compensatoria es la demanda de divorcio o en su caso reconvención, pero no posteriormente:

> «La pensión compensatoria es una medida definitiva del juicio de separación o de divorcio matrimonial, que se regula en el artículo 97 del Código Civil . No es una medida provisional ni mucho menos una medida independiente o autónoma de esta suerte de juicios. Es, además, una norma de naturaleza dispositiva, sometida a la autonomía privada, de tal forma que para que el juez pueda concederla a uno de los cónyuges necesita que la solicite en cualquiera de sus escritos iniciales, es decir, en la demanda o en la reconvención (con alguna excepción como la que recoge la sentencia del Pleno de la Sala de 10 de septiembre de 2012, recurso 1519/2010, donde se ha sentado la doctrina de que no puede ser considerada incongruente la resolución sobre la cuestión de la pensión compensatoria, siempre que la pretensión se haya introducido en el proceso, a través de la contestación a la demanda). Así lo dice expresamente la sentencia de 2 de diciembre de 1987 cuando señala que "no nos encontramos ante norma de derecho imperativo, sino ante otra de derecho dispositivo, que puede ser renunciada por las partes, no haciéndola valer y que no afecta a las cargas del matrimonio, precisamente por no afectar a los hijos, respecto a los cuales sí se refiere la función tuitiva".
>
> La pensión compensatoria, reiteran las sentencias de 20 de abril y 10 de diciembre 2012; 3 de junio 2013; 25 de marzo 2014 y 11 de diciembre de 2015, "es un derecho disponible por la parte a quien pueda afectar. Rige el principio de la autonomía de la voluntad tanto en su reclamación, de modo que puede renunciarse, como en su propia configuración". Es, por tanto, una medida que surge tras la separación o el divorcio, previa petición del cónyuge que considera alterada su situación económica en ese momento, y se determina en sentencia, según los artículos 97 ("se fijará en la sentencia...") y 100 ("fijada la pensión y las bases de actualización en la sentencia...", sin perjuicio de que pueda luego sustituirse (artículo 99) o modificarse por alteración sustancial de en la fortuna de uno u otro cónyuge (artículo 100).
>
> De ello resulta que no hay dos momentos de ruptura conyugal, sino uno solo: el de la separación o el del divorcio, en el cual se determina de manera definitiva si concurre o no ese desequilibrio económico que sustenta el derecho, valorado en relación a la situación que se disfrutaba cuando acontece la ruptura de la convivencia conyugal, de la que trae causa, conforme al artículo 97 del CC, quedando asimismo juzgada si el derecho no se hace valer o no se insta correctamente por la parte interesada, impidiendo que pueda reconocerse en la sentencia.
>
> La sentencia de 18 de marzo de 2014, reiterada en otras posteriores, declara como doctrina jurisprudencial la siguiente: "el desequilibrio que da lugar a la pensión compensatoria debe existir en el momento de la separación o del divorcio y los sucesos posteriores no pueden dar lugar al nacimiento de una pensión que no se acredita cuando ocurre la crisis matrimonial"» **(sentencia del Tribunal Supremo n.º 377/2016, de 3 de junio, ECLI:ES:TS:2016:2574)**.

Por lo expuesto,

AL JUZGADO SUPLICO:

Que tenga por presentado este escrito con sus documentos, se sirva a admitirlo y en su virtud tenga por presentada CONTESTACIÓN A LA DEMANDA frente a [NOMBRE_PARTECONTRARIA] y, previos los trámites legales oportunos, dicte en su día sentencia por la que desestime la demanda y declare no haber lugar a la pensión compensatoria solicitada.

Es justicia que pido en [LOCALIDAD], a [DÍA] de [MES] de [AÑO].

Letrado D./D.ª [NOMBRE]	Procurador D./D.ª [NOMBRE]
[NÚMERO_COLEGIADO ABOGADO_CLIENTE]	[NÚMERO_COLEGIADO_PROCURADOR_CLIENTE]

Escrito de acusación de delito de impago de pensión compensatoria

PROCEDIMIENTO [ESPECIFICAR]

NÚMERO DE AUTOS [NÚMERO]

AL JUZGADO DE INSTRUCCIÓN N.º [NÚMERO] DE [CIUDAD]

D./D.ª [NOMBRE_PROCURADOR_CLIENTE], procurador de los Tribunales, en nombre y representación de D./D.ª [NOMBRE_CLIENTE], tal y como consta debidamente acreditado en autos [NÚMERO], con la asistencia del/de la letrado/a D./D.ª [NOMBRE_ABOGADO_CLIENTE], con n.º de colegiado/a [NÚMERO], ante el juzgado comparezco y como mejor proceda en derecho,

DIGO

Que por medio del presente escrito y dentro del plazo conferido al efecto venimos a evacuar el traslado que nos ha sido efectuado a los fines de lo dispuesto en el artículo 780.1 de la Ley de Enjuiciamiento Criminal, solicitando la **APERTURA DE JUICIO ORAL y formulando ESCRITO DE ACUSACIÓN** contra D./D.ª [NOMBRE_PARTECONTRARIA], cuyas demás circunstancias obran debidamente acreditadas en el seno del presento procedimiento [NÚMERO DE AUTO] y formulando, con carácter provisional, las siguientes,

CONCLUSIONES

PRIMERA.- De la instrucción del procedimiento han quedado perfectamente acreditados los siguientes extremos:

Que mi representado y el querellado D./D.ª [NOMBRE_INVESTIGADO] contrajeron matrimonio civil/canónico en [LUGAR], el día [FECHA], inscrito en el Registro Civil de [LOCALIDAD], tomo [NÚMERO], y página [NÚMERO].

Mediante demanda de separación/divorcio presentada en los Juzgados de esta localidad, se tramitó procedimiento con número [NÚMERO], ante el Juzgado de 1.º Instancia n.º [NÚMERO] que decretó la separación/divorcio mediante sentencia de fecha [FECHA SENTENCIA] en la que se establecía una pensión compensatoria a favor de [NOMBRE_CLIENTE] y con cargo a [NOMBRE_INVESTIGADO] en la cantidad de [CANTIDAD] euros, dentro de los cinco primeros días del mes, y actualizable anualmente según el IPC que señale el Instituto de Estadística u organismo que lo sustituya, pagadero en el siguiente n.º de cuenta [NÚMERO].

Que [NOMBRE_INVESTIGADO], ha dejado de satisfacer la debida pensión compensatoria desde la fecha [FECHA] a [FECHA], ascendiendo, a fecha de la presente, la cantidad total adeudada a la cantidad de [CUANTÍA EN EUROS] **(1)**.

Que tal y como fácilmente puede deducirse de la instrucción practica D./D.ª [NOMBRE_INVESTIGADO], tenía perfecto conocimiento de la obligación que sobre él pesaba de efectuar el pago de las anteriores cantidades y con voluntad de incumplirla, dejó de satisfacerlas, pese a tener capacidad económica para ello, no existiendo excusa alguna para no cumplir dicho mandato judicial en vigor, mostrando una voluntad renuente y obstativa al pago **(2)**.

SEGUNDA.- Los hechos descritos son constitutivos de un DELITO DE ABANDONO DE FAMILIA previsto y penado en el artículo 227, apartados 1 y 3 del Código Penal.

TERCERA.- De los delitos descritos anteriormente es responsable D. [NOMBRE_INVESTIGADO], en concepto de autor.

CUARTA.- Que en el concreto caso que nos ocupa no concurren circunstancias agravantes, atenuantes o eximentes de la responsabilidad criminal.

QUINTA.- Que procede imponerle al investigado, por el delito de la pena de: **(3)** [ESPECIFICAR_PENA], accesorias y costas.

SEXTA.- En lo que concierne a la responsabilidad civil y en base a los hechos descritos, el acusado deberá indemnizar a mi representado en la cantidad dejada de abonar como pensión compensatoria que, a fecha actual alcanza la cifra de [CUANTÍA] euros, cantidad que deberá ser incrementada con los intereses legalmente previstos **(4)**. Asimismo, deberá indemnizar a mi representada, en la cantidad de [CUANTÍA] euros, en concepto de daños y perjuicios conforme a lo establecido en los artículos 109 y siguientes del Código Penal.

Por lo expuesto,

SUPLICO AL JUZGADO:

Que teniendo por presentado este escrito, con los documentos que al mismo se acompañan, se admita, se tenga por formulada acusación particular contra [NOMBRE_PARTE_CONTRARIA], por cumplido el trámite de calificación y por solicitada la apertura del juicio oral, para que se dicte la consiguiente sentencia condenatoria con la expresa imposición de costas al acusado.

Por ser justicia que se pide en [LUGAR], a [DÍA], [MES], [AÑO].

Letrado D./D.ª [NOMBRE]
[NÚMERO_COLEGIADO ABOGADO_CLIENTE]

Procurador D./D.ª [NOMBRE]
[NÚMERO_COLEGIADO_PROCURADOR_CLIENTE]

---

(1) Se recomienda llevar a cabo un desglose mensual de las cantidades debidas hasta la fecha, con específica inclusión de la actualización correspondiente conforme al IPC.

(2) Hacer específica alusión a cualquier extremo que, de la instrucción practicada, se verifiquen los datos puestos de manifiesto.

(3) El legislador castiga el delito de abandono de familia por imago de pensiones con pena de prisión de 3 meses a 1 año y multa de 6 a 24 meses.

(4) Podrá optarse, en todo caso, por exigir la responsabilidad civil ante la Jurisdicción Civil.

Recurso de apelación en materia de pensión compensatoria. Se discute la limitación temporal de la misma.

Procedimiento: Separación/Divorcio contenciosa/a

Número: [NÚMERO/AÑO]

A LA AUDIENCIA PROVINCIAL DE [PROVINCIA] (1)

D./D.ª [NOMBRE PROCURADOR CLIENTE], procurador/a de los Tribunales, colegiado/a n.º [NÚMERO] en nombre y representación, de D./D.ª [NOMBRE CLIENTE] tal y como consta acreditado en las actuaciones, bajo la asistencia letrada de **D./D.ª** [NOMBRE ABOGADO CLIENTE], colegiado/a n.º [NÚMERO], ante la audiencia comparezco y, como mejor proceda en derecho, DIGO:

Por medio del presente escrito, interponemos **RECURSO DE APELACIÓN**, conforme al artículo 458 de la Ley de Enjuiciamiento Civil, **contra la sentencia n.º** [SENTENCIA NÚMERO], recaída en las presentes actuaciones, y notificada en fecha [FECHA], de conformidad con el artículo 458.2 de la LEC, **impugnando el pronunciamiento relativo a la pensión compensatoria** que se determina a favor de mi cliente en [CANTIDAD].

Y ello de conformidad con las siguientes,

ALEGACIONES

PRIMERA.- En la sentencia de separación/divorcio, se fija como pensión compensatoria a favor de D./D.ª [NOMBRE CLIENTE], una cantidad de [CANTIDAD] euros a percibir durante el plazo de un año, concedida en base a que [DESCRIPCIÓN].

SEGUNDA.- Conforme al artículo 458.1 de la LEC se interpone el presente recurso de apelación en el plazo de 20 días desde la notificación de la sentencia, ante el órgano que la dictó.

TERCERA.- El único pronunciamiento recurrido, es el relativo a la pensión compensatoria reconocida en el artículo 97 del Código Civil, la cual se establece que se abonará durante el plazo de un año a contar desde la fecha de la resolución, afectándole muy desfavorablemente la sentencia impugnada a esta parte, tal y como se exige en el artículo 448.1 de la LEC.

La sentencia de [SEPARACIÓN/DIVORCIO], fija como pensión compensatoria a favor de D./D.ª [NOMBRE CLIENTE], una cantidad de [CANTIDAD] euros, fundamentándola de la siguiente manera:

> «[...] por el desequilibrio económico que para la esposa supone la separación/divorcio, ya que se encuentra en una situación de desempleo desde el año [AÑO], [...]».

En dicha fundamentación, se señala que la pensión compensatoria deberá ser sufragada por un tiempo determinado, en concreto, 1 año, que, según la sentencia, «plazo que se estima adecuado para que la esposa pueda encontrar un empleo, y poder vivir sin necesidad de ayudas, [...]».

Por nuestra parte, entendemos que la pensión fijada para ese plazo de tiempo resulta insuficiente, debido a los siguientes hechos:

- [DESCRIPCIÓN].

Por todo ello, entendemos más justificado que la pensión sea concedida por un plazo de [NÚMERO] de años, atendiendo a las circunstancias económico-sociales, y a las que a mi mandante afectan directamente **(2)**.

A título ilustrativo, mentamos la sentencia del **Tribunal Supremo n.° 692/2018, de 11 de diciembre, ECLI:ES:TS:2018:4238** cuando reitera la dictada por el mismo tribunal **(sentencia n.° 538/2017, de 2 de octubre, ECLI:ES:TS:2017:3379)** al respecto del límite temporal: «la fijación temporal de la pensión ha de partir de la convicción del tribunal de que, dentro del plazo fijado, se ha de poder restaurar el equilibrio por los propios medios del cónyuge beneficiario. Cuando no existe tal convicción —como ocurre en el caso— lo oportuno es el establecimiento de la pensión con carácter indefinido, lo que no implica un derecho a cesar en la búsqueda de tal restauración del equilibrio mediante ingresos propios y la imposibilidad de solicitar una modificación de medidas cuando tal búsqueda no se produce, con la finalidad —que no puede encontrar amparo en derecho— de mantener el percibo de la pensión por parte de quien se beneficia de ella».

Por ello,

SUPLICO A LA AUDIENCIA:

Que tenga por presentado este escrito, lo admita junto con sus documentos y copias, y tenga por interpuesto **RECURSO DE APELACIÓN**, contra la sentencia n.° [NÚMERO SENTENCIA] y, tras los trámites oportunos, proceda a dictar sentencia estimatoria de nuestra pretensión y acuerde ampliar la pensión compensatoria a [NÚMERO] años, a contar desde la fecha de la sentencia de instancia.

Todo ello con expresa imposición de costas a la adversa.

Por ser justicia que pido en [LOCALIDAD] a [DÍA] de [MES] de [AÑO].

Letrado/a D./D.ª [NOMBRE]	Procurador/a D./D.ª [NOMBRE]
[NÚMERO_COLEGIADO ABOGADO_CLIENTE]	[NUMERO_COLEGIADO_ PROCURADOR_CLIENTE]

PRIMER OTROSÍ DIGO: en virtud de lo dispuesto en el artículo 460 de la LEC apartado 2.° se solicita la práctica de las siguientes pruebas: [DESCRIPCIÓN] **(3)**.

SUPLICO:

Se tenga por efectuada la anterior manifestación y admita y practique la prueba solicitada.

Por ser justicia fecha y lugar *ut supra*.

Letrado/a D./D.ª [NOMBRE]	Procurador/a D./D.ª [NOMBRE]
[NÚMERO_COLEGIADO ABOGADO_CLIENTE]	[NÚMERO_COLEGIADO_ PROCURADOR_CLIENTE]

SEGUNDO OTROSÍ DIGO: siendo intención de esta parte cumplir con todos los requisitos legales, a tenor de lo previsto en el artículo 231 de la Ley de Enjuiciamiento Civil, se solicita se le diere traslado de cualquier defecto que adoleciere la presente demanda, para la inmediata subsanación de la misma.

SUPLICO:

Se tenga por efectuada la anterior manifestación a los efectos oportunos.

Por ser justicia, fecha y lugar *ut supra*.

Letrado/a D./D.ª [NOMBRE]
[NÚMERO_COLEGIADO ABOGADO_CLIENTE]

Procurador/a D./D.ª [NOMBRE]
[NÚMERO_COLEGIADO_ PROCURADOR_CLIENTE]

(1) Tras la reforma operada en el art. 458 LEC por el RD-ley 6/2023, de 19 de diciembre, con entrada en vigor el 20/03/2024, el recurso de apelación se interpone ante el tribunal competente para conocer del mismo dentro del plazo de 20 días desde la notificación de la resolución impugnada, de la cual debe acompañarse copia.

(2) En caso de aportación de nuevas pruebas, solo podrán acompañarse al escrito de interposición los documentos que se encuentren en alguno de los casos previstos en el artículo 270 de la LEC y que no hayan podido aportarse en la primera instancia. En el escrito de interposición se podrá pedir, además, la práctica en segunda instancia de las pruebas siguientes: 1.ª. Las que hubieren sido indebidamente denegadas en la primera instancia, siempre que se hubiere intentado la reposición de la resolución denegatoria o se hubiere formulado la oportuna protesta en la vista. 2.ª. Las propuestas y admitidas en la primera instancia que, por cualquier causa no imputable al que las hubiere solicitado, no hubieren podido practicarse, ni siquiera como diligencias finales. 3.ª. Las que se refieran a hechos de relevancia para la decisión del pleito ocurridos después del comienzo del plazo para dictar sentencia en la primera instancia o antes de dicho término siempre que, en este último caso, la parte justifique que ha tenido conocimiento de ellos con posterioridad.

(3) Para el caso de que se interese prueba nueva.

Demanda de extinción de pensión compensatoria. Nuevo matrimonio/Vida marital

AL JUZGADO DE PRIMERA INSTANCIA N.º [NÚMERO] **DE** [LOCALIDAD]

D./D.ª [NOMBRE_PROCURADOR_CLIENTE], procurador/a de los tribunales y de **D./D.ª** [NOMBRE_CLIENTE], en virtud de [DESCRIPCIÓN] [ESCRITURA NOTARIAL/ PODER APUD ACTA] a mi favor conferido, bajo la dirección letrada de **D./D.ª** [NOMBRE_ABOGADO_CLIENTE] colegiado/a número [NÚMERO] por el ICA de [LOCALIDAD], ante el juzgado comparezco y, como mejor proceda en derecho, **DIGO**:

Mediante la presente interponemos demanda de EXTINCIÓN DE PENSIÓN COMPENSATORIA contra **D./D.ª** [NOMBRE_PARTE_CONTRARIA] con domicilio en [DESCRIPCIÓN] y NIF [NÚMERO] y ello con base en los siguientes,

HECHOS

PRIMERO.- Mi mandante y el/la actor/a contrajeron matrimonio el [FECHA], produciéndose el divorcio el [FECHA], tras resolución dictada por este juzgado.

En la referida resolución se establecían una serie de medidas, entre las cuales, se adoptaba el establecimiento de una pensión compensatoria a cargo de mi mandante y a favor del /la hoy demandado/a.

Se acompaña como **documento n.º** [NÚMERO] copia de la resolución con las medidas acordadas.

SEGUNDO.- Actualmente, mi mandante ha tenido conocimiento de que el/la demandada [HA CONTRAÍDO NUEVO MATRIMONIO/VIVE MARITALMENTE] con otra persona, por lo que se debe entender que la obligación de la pensión ya no procede, interesando, mediante la presente, la extinción de la misma.

TERCERO.- A tal respecto, y como se solicitará mediante otrosí digo, y a los efectos de probar la existencia del nuevo matrimonio/vida marital, esta parte solicitará se requiera al Registro Civil de [LOCALIDAD] a los efectos de que remitan Fe de Vida y Estado de la demandada **(1)**.

A los anteriores hechos les son de aplicación los siguientes,

FUNDAMENTOS DE DERECHO

I.- JURISDICCIÓN Y COMPETENCIA

De acuerdo con los artículos 9.2, 21.1 y 22.3 de la Ley Orgánica del Poder Judicial en relación con el artículo 36 de la Ley de Enjuiciamiento Civil, corresponde a los órganos jurisdiccionales del orden civil el conocimiento del presente procedimiento por ser el demandante español y, además, tener ambos cónyuges la residencia en España.

Corresponde a los juzgados de 1.ª de instancia el conocimiento en primera instancia, de todos los asuntos civiles que por disposición legal expresa no se hallen atribuidos a otros tribunales a tenor de lo recogido en el artículo 45 de la Ley de Enjuiciamiento Civil en relación con los arts. 84 y 85.1.° de la Ley Orgánica del Poder Judicial.

Siendo competente el juzgado al que me dirijo, en virtud de lo establecido en los artículos 61 y 775 de la Ley de Enjuiciamiento Civil, por haber sido el que conoció del procedimiento en instancia.

II.- CAPACIDAD Y LEGITIMACIÓN

Ambas partes poseen capacidad suficiente de conformidad con lo dispuesto en los artículos 6 y 7 **(2)** de la Ley de enjuiciamiento civil (LEC) y están legitimados activa y pasivamente, según reconoce el artículo 10 de la LEC.

III.- PROCEDIMIENTO

Respecto a la modificación de las medidas definitivas, dispone el artículo 775, apartado 2, de la Ley de Enjuiciamiento Civil que estas peticiones se tramitarán conforme a lo dispuesto en el artículo 770 del mismo cuerpo legal.

IV.- POSTULACIÓN Y DEFENSA

En cumplimiento de lo establecido en los artículos 23 y 31 de la Ley de Enjuiciamiento Civil, esta parte comparece representada por procurador y dirigida por letrado.

V.- FONDO DEL ASUNTO

De aplicación lo dispuesto en el Código Civil en sus **artículos 101 y siguientes,** rezando el primero que:

> «El derecho a la pensión se extingue por el cese de la causa que lo motivó, por contraer el acreedor nuevo matrimonio o por vivir maritalmente con otra persona.
>
> El derecho a la pensión no se extingue por el solo hecho de la muerte del deudor. No obstante, los herederos de éste podrán solicitar del Juez la reducción o supresión de aquélla, si el caudal hereditario no pudiera satisfacer las necesidades de la deuda o afectara a sus derechos en la legítima».

Así, jurisprudencialmente está establecido que «Las condiciones que llevaron al nacimiento del derecho a la pensión compensatoria pueden cambiar a lo largo del tiempo. Cuando ello ocurra, el obligado al pago de la pensión podrá pedir que se modifique esta medida, pero para ello deberá probar que las causas que dieron lugar a su nacimiento han dejado de existir, total o parcialmente. El simple paso del tiempo no constituye una causa de extinción de la pensión». **(sentencia del Tribunal Supremo n.° 99/2016, de 19 de febrero, ECLI:ES:TS:2016:532)**.

> «Y ya no sólo el nuevo matrimonio deriva en base para la extinción, sino de la misma "vida marital" como "continuas permanencias y/o visitas de uno en domicilio de otro"» **(sentencia del Tribunal Supremo n.° 42/2012, de 9 de febrero, ECLI:ES:TS:2012:624)**.

Por tanto, la prueba, ya no sólo de nuevo matrimonio, sino de una relación *more uxorio*, sirve de base para estimar una solicitud de extinción de pensión compensatoria.

VI.- COSTAS

En aplicación del artículo 394, apartado 1, de la LEC, deberán imponerse las costas al demandado.

VII.- *IURA NOVIT CURIA*

En todo lo no invocado resulta de aplicación el principio *iura novit curia*, plasmado en el párrafo segundo del punto primero del artículo 218 de la Ley de Enjuiciamiento Civil, en virtud del cual serán aplicables las demás normas que sean de pertinente, especial o general aplicación, y que el juzgador podrá tener en cuenta de oficio sin necesidad de que hayan sido previamente alegados o invocados por alguna de las partes intervinientes.

Por todo lo expuesto,

SUPLICO AL JUZGADO:

Que tenga por presentado este escrito, junto con sus copias y documentos adjuntos, los admita, les de la tramitación legal oportuna y, previo los trámites de rigor, dicte resolución por la que estimando la presente declare la **EXTINCIÓN de la PENSIÓN COMPENSATORIA**, acordada en la resolución de [DESCRIPCIÓN], con todo lo demás procedente en derecho.

Todo ello con expresa imposición en costas a la adversa.

Por ser justicia en [LOCALIDAD] a [FECHA].

Letrado/a D./D.ª [NOMBRE]
[NÚMERO_COLEGIADO ABOGADO_CLIENTE]

Procurador/a D./D.ª [NOMBRE]
[NÚMERO_COLEGIADO_ PROCURADOR_CLIENTE]

PRIMER OTROSÍ DIGO: interesa esta parte, a los efectos de acreditar la existencia del matrimonio de la demandada, que se solicite del registro civil informe de Fe de Vida y Estado, a los efectos de acreditar el matrimonio existente.

SUPLICO AL JUZGADO:

Tenga por efectuada la anterior solicitud, y disponga de todo lo necesario para que se lleve a cabo.

Por ser justicia en lugar y fecha *ut supra*.

Letrado/a D./D.ª [NOMBRE]
[NÚMERO_COLEGIADO ABOGADO_CLIENTE]

Procurador/a D./D.ª [NOMBRE]
[NÚMERO_COLEGIADO_ PROCURADOR_CLIENTE]

SEGUNDO OTROSÍ DIGO: siendo intención de esta parte cumplir con todos los requisitos legales, a tenor de lo previsto en el artículo 231 de la Ley de Enjuiciamiento Civil, se solicita se le diere traslado de cualquier defecto que adoleciere la presente demanda, para la inmediata subsanación de la misma.

SUPLICO AL JUZGADO:

Tenga por efectuada la anterior manifestación a los efectos oportunos.

Por ser justicia en lugar y fecha *ut supra*.

Letrado/a D./D.ª [NOMBRE]
[NÚMERO_COLEGIADO ABOGADO_CLIENTE]

Procurador/a D./D.ª [NOMBRE]
[NÚMERO_COLEGIADO_ PROCURADOR_CLIENTE]

(1) El certificado del Registro Civil solo para los casos de que el/la demandante adquiera nuevo matrimonio.

(2) El artículo 7 de la LEC ha sufrido modificaciones por la Ley 8/2021, de 2 de junio, por la que se reforma la legislación civil y procesal para el apoyo a las personas con discapacidad en el ejercicio de su capacidad jurídica (con fecha de entrada en vigor de 03/09/2021). Así, tras esta modificación, reconoce la legitimación a todas las personas para comparecer en juicio y, si se tratara de menores de edad no emancipadas deberán comparecer mediante la representación, asistencia o autorización exigidos por la ley. En el caso de las personas con medidas de apoyo para el ejercicio de su capacidad jurídica, se estará al alcance y contenido de estas. Mediante la citada ley también fue añadido el artículo 7 bis a la LEC regulando los ajustes para personas con discapacidad en materia de capacidad para ser parte, capacidad procesal y legitimación. El RD-ley 6/2023, de 19 de diciembre, modifica el artículo 7 bis de la LEC con entrada en vigor el 20/03/2024.

Demanda en reclamación de cantidad por ruptura de pareja de hecho

AL JUZGADO DE PRIMERA INSTANCIA DE [LOCALIDAD]

Don/Doña [NOMBRE_PROCURADOR_CLIENTE], procurador/a de los tribunales, en nombre y representación de **don/doña** [NOMBRE_CLIENTE], con DNI [NÚMERO], y domicilio en [DOMICILIO_CLIENTE] de [CIUDAD], representación que queda acreditada por medio de poder [NOTARIAL/APUD ACTA] copia del cual acompañamos como documento n.º [NÚMERO], bajo la dirección letrada de **don/doña** [NOMBRE ABOGADO CLIENTE], como mejor proceda en derecho, DIGO:

Por medio del presente escrito, formulo DEMANDA DE JUICIO ORDINARIO EN RECLAMACIÓN DE CANTIDAD por enriquecimiento injusto contra **don/doña** [NOMBRE_PARTE_CONTRARIA], con DNI [NÚMERO] sufrido tras la disolución de la convivencia extramatrimonial, y ello con base a los siguientes,

HECHOS

PRIMERO.- Mi mandante, convivió durante [NÚMERO] años, con don/doña [NOMBRE PARTE CONTRARIA], su pareja de hecho, la cual constaba inscrita en el Registro de Uniones de Hecho de [LOCALIDAD], n.º inscripción [NÚMERO], la cual fue cancelada, tal y como queda acreditado en el documento n.º [NÚMERO].

SEGUNDO.- En [FECHA], se produjo la disolución de la referida pareja, cesando la convivencia en común.

TERCERO.- Mi mandante, durante los años en los que duró la relación de pareja, no desempeñó trabajo remunerado alguno, ocupándose de las labores domésticas en su totalidad, ya que don/doña [NOMBRE PARTE CONTRARIA], ocupa un alto puesto en la empresa [NOMBRE EMPRESA], con un salario mensual más que suficiente para los dos, solicitándole a mi mandante que se ocupara de la casa, ya que no era necesario que trabajase para el mantenimiento de una vida en conjunto.

Visto lo anterior, mi poderdante y la adversa suscribieron un acuerdo notarial, protocolo n.º [NÚMERO] ante el/la notario/a don/doña [NOMBRE], mediante el que se estipulaba una indemnización a cargo del ahora demandado/a favor de mi cliente de [CANTIDAD_EN_LETRA] euros ([CANTIDAD_EN_NÚMERO]) por cada año, y en defecto de año completo, prorrateado a favor de mi mandante en meses.

Ello produce un total de [CANTIDAD_EN_LETRA] euros ([CANTIDAD_EN_NÚMERO]), cantidad que se reclama mediante la presente.

Se adjunta a la presente, como documento n.º [NÚMERO], copia de la escritura notarial.

CUARTO.- Tras la disolución de la pareja, mi mandante abandonó el domicilio, ya que se trata de una vivienda propiedad de la parte contraria, y regresó a la casa de sus padres, sin que a fecha de hoy, no haya encontrado trabajo alguno.

Se aporta como documento n.º [NÚMERO], certificación como demandante de empleo desde la fecha de [FECHA].

QUINTO.- Intentada en numerosas ocasiones llegar a un acuerdo con su ex pareja, para poder obtener el abono de la cantidad estipulada contractualmente, no ha habido acuerdo alguno ante las negativas de la adversa.

Se adjunta como documento n.º [NÚMERO], burofax con contenido certificado remitido a la adversa.

A estos hechos, le son de aplicación los siguientes,

FUNDAMENTOS DE DERECHO

I.- JURISDICCIÓN Y COMPETENCIA

Les corresponderá conocer del presente asunto, a los juzgados y tribunales españoles del orden jurisdicción civil, de acuerdo con los artículos 36 y 45 de la Ley de Enjuiciamiento Civil.

De acuerdo con el artículo 85 de la Ley Orgánica del Poder Judicial, le corresponde el conocimiento del asunto a los juzgados de primera instancia.

En concreto, de acuerdo con el artículo 50.1 de la LEC, al juzgado de primera instancia del domicilio del demandado.

II.- CAPACIDAD Y LEGITIMACIÓN

Ambas partes ostentan capacidad de acuerdo con los artículos 6 y 7 de la LEC, como también se encuentran activa y pasivamente legitimados de acuerdo con el artículo 10 de la citada ley.

III.- POSTULACIÓN Y DEFENSA

Esta parte se encuentra representada por procurador/a y asistida de abogado/a, de conformidad con los artículos 23 y 31 de la LEC.

IV.- CUANTÍA

Se calcula la misma en cantidad de [CANTIDAD] euros, tal y como se concreta en la escritura notarial suscrita por las partes.

V.- PROCEDIMIENTO

De tramitación el presente por los cauces del juicio ordinario, por superar la cuantía de 15.000 euros, en base al artículo 249.2 de la LEC. **(1)**

VI.- FONDO DEL ASUNTO

De aplicación lo dispuesto en el artículo 1255 del Código Civil (CC) y concordantes, indicando aquel que: «Los contratantes pueden establecer los pactos, cláusulas y condiciones que tengan por conveniente, siempre que no sean contrarios a las leyes, a la moral ni al orden público».

Y ello a tenor de la jurisprudencia emanada del Tribunal Supremo.

A este respecto **el Tribunal Supremo en sentencia n.º 611/2005, de 12 de septiembre, ECLI:ES:TS:2005:5270** reiterada por la STS n.º 17/2018, de 15 de enero, ECLI:ES:TS:2018:37, en donde la primera de las mentadas sentencias nos refiere:

> «Así, con carácter general se afirma que la ruptura de la unión de hecho no implica el deber de indemnizar los perjuicios derivados de la misma, ya que los convivientes han aceptado crear una unión al margen del matrimonio legalmente establecido, que sí crea derechos y obligaciones durante su vigencia así como al término de la misma.

Y admite, en todo el supuesto, el pacto para la determinación del resarcimiento económico en caso de ruptura de la convivencia de la unión de hecho.

(...)

(...) Habrá que estar, como ya se ha dicho, al supuesto, a la existencia de pactos, promesas o la creación y el sostenimiento de situaciones de facto de las que, por la vía de los "facta concludentia" se pueda deducir que hubo ese proyecto de vida en común y que se ha producido lo que se denomina la "pérdida de oportunidad", que sería, aquí, el factor de soporte que vendría de algún modo a sustituir al concepto de "empeoramiento" que ha de calificar el desequilibrio».

Y en la segunda de ellas:

«La sentencia recurrida utiliza la expresión "pensión compensatoria" siguiendo la terminología del art. 97 del CC hasta la reforma de 8 de julio de 2005 (que sustituyó en ese precepto el término pensión por el de compensación, si bien siguen hablando de pensión los arts. 99, 100 o 101 del CC), pero, como ha quedado dicho, esta sala, desde su sentencia de Pleno 611/2005, de 12 de septiembre, ha descartado la aplicación analógica del régimen matrimonial al cese de la convivencia de una pareja no casada».

VII.- COSTAS

De acuerdo con el artículo 394 de la LEC, las costas de la primera instancia se impondrán a la parte que haya visto rechazadas todas sus pretensiones, salvo que el tribunal aprecie, y así lo razone, que el caso presentaba serias dudas de hecho o de derecho.

VIII.- *IURA NOVIT CURIA*

En todo lo no invocado resulta de aplicación el principio *iura novit curia*, plasmado en el párrafo segundo del punto primero del artículo 218 de la Ley de Enjuiciamiento Civil, en virtud del cual serán aplicables las demás normas que sean de pertinente, especial o general aplicación, y que el juzgador podrá tener en cuenta de oficio sin necesidad de que hayan sido previamente alegadas o invocadas por alguna de las partes intervinientes.

Por ello,

SUPLICO AL JUZGADO:

Que tenga por presentado este escrito, junto con sus documentos y copias, lo admita y tenga por comparecido al presente procurador/a, entendiéndose conmigo las sucesivas actuaciones, y tenga por interpuesta **DEMANDA DE JUICIO ORDINARIO** en reclamación de la cantidad de [CANTIDAD] euros, contra don/doña [NOMBRE PARTE CONTRARIA], y tras los trámites legales oportunos, se proceda a dictar sentencia en la que se condene al pago de la citada cantidad, más los intereses legales pertinentes, con expresa imposición de costas a la parte contraria.

Por ser justicia que pido en [LOCALIDAD] a [DÍA] de [MES] de [AÑO].

Letrado/a D./D.ª [NOMBRE]	Procurador/a D./D.ª
[FIRMA LETRADO]	[FIRMA PROCURADOR]

(1) El RD-ley 6/2023, de 19 de diciembre, modifica el artículo 249 de la LEC con entrada en vigor el 20/03/2024.

Contestación a la demanda de modificación de medidas reconvención. Aumento pensión compensatoria

Procedimiento: modificación de medidas definitivas

Número: [NÚMERO]/[AÑO]

AL JUZGADO DE PRIMERA INSTANCIA N.° [NÚMERO] DE [LOCALIDAD]

D./D.ª [NOMBRE PROCURADOR CLIENTE], procurador/a de los Tribunales, en nombre y representación de **D./D.ª** [NOMBRE CLIENTE], con domicilio sito en [DOMICILIO CLIENTE], y con DNI [NÚMERO], representación que ostento en virtud de poder [NOTARIAL/APUD ACTA] copia que del mismo se acompaña como documento número [NÚMERO], bajo la dirección letrada de **D./D.ª** [NOMBRE ABOGADO CLIENTE] colegiado/a núm. [NÚMERO] por el ICA de [LUGAR], ante este juzgado comparezco y, como mejor proceda en derecho, **DIGO**:

Habiendo sido notificada en [FECHA] **DEMANDA DE MODIFICACIÓN DE MEDIDAS** interpuesta por **D./D.ª** [NOMBRE PARTE CONTRARIA], por medio del presente escrito y dentro del plazo legalmente establecido al efecto venimos a interponer, **CONTESTACIÓN A LA DEMANDA CON OPOSICIÓN A LA MISMA**, y ello con relación a los siguientes,

HECHOS

PREVIO.- Para oponernos a la totalidad de los hechos indicados de adverso con excepción de los que declaramos expresamente como correctos en la presente.

PRIMERO.- Conformes con el correlativo, (matrimonio, hijos) así como que en el procedimiento [ESPECIFICAR] se dictaron las medidas [ESPECIFICAR], que ahora se interesa modificar.

SEGUNDO.- Disconformes con el correlativo, puesto que se interesa la modificación de la cuantía de la pensión compensatoria a favor de mi mandante, en principio mediante la extinción de la misma, en segundo lugar y de forma subsidiaria, la reducción de la cuantía.

Cuantía que se estableció en el procedimiento referido en [CANTIDAD_LETRA] euros ([CANTIDAD_NÚMERO]), y ello en atención a la situación de ambos contrayentes que, citando literalmente lo expuesto en la sentencia [DESCRIBIR].

Mi mandante solicitó en la demanda de divorcio la cantidad de [CANTIDAD_LETRA] euros ([CANTIDAD_NÚMEROS]), cantidad bastante inferior a la finalmente establecida.

A esta resolución se llegó en atención a la prueba practicada, prueba que la adversa intentaba sustraer de la actividad indagatoria tanto judicial como de esta parte.

TERCERO.- En relación al anterior hecho, y en consideración a la situación de la actora, debemos indicar que no solo no ha empeorado, sino que ha mejorado notablemente tal y como se desprende de la prueba que aportamos como documento n.° [NÚMERO] **(1)**.

Y a los anteriores hechos le son de aplicación los siguientes,

FUNDAMENTOS DE DERECHO

I.- JURISDICCIÓN Y COMPETENCIA

Conforme con el correlativo, al ser de aplicación lo estipulado en los arts. 21 y ss. de la LOPJ, así como lo establecido en al art. 36 de la LEC, resultando competente el juzgado al que me dirijo de conformidad con lo dispuesto en el artículo 775 de la LEC.

II.- CAPACIDAD Y LEGITIMACIÓN

Conforme con el correlativo al poseer ambas partes capacidad y legitimación suficiente de conformidad con lo estipulado en los arts. 6, 10 y 775.1 de la Ley de Enjuiciamiento Civil.

> «El Ministerio Fiscal, habiendo hijos menores o hijos con discapacidad con medidas de apoyo atribuidas a sus progenitores y, en todo caso, los cónyuges, podrán solicitar del Tribunal que acordó las medidas definitivas, la modificación de las medidas convenidas por los cónyuges o de las adoptadas en defecto de acuerdo, siempre que hayan variado sustancialmente las circunstancias tenidas en cuenta al aprobarlas o acordarlas».

III.- REPRESENTACIÓN

Conformes con el correlativo, las partes deberán comparecer por medio de procurador y asistidas de letrado, de conformidad con lo expuestos en el art. 750 de la LEC.

IV.- PROCEDIMIENTO

Conformes con la sustanciación del proceso por los trámites establecidos en el artículo 770.2.ª de la LEC

> «La reconvención se propondrá con la contestación a la demanda. El actor dispondrá de 10 días para contestarla.
>
> Sólo se admitirá la reconvención:
>
> a) Cuando se funde en alguna de las causas que puedan dar lugar a la nulidad del matrimonio.
>
> b) Cuando el cónyuge demandado de separación o de nulidad pretenda el divorcio.
>
> c) Cuando el cónyuge demandado de nulidad pretenda la separación.
>
> d) Cuando el cónyuge demandado pretenda la adopción de medidas definitivas, que no hubieran sido solicitadas en la demanda, y sobre las que el tribunal no deba pronunciarse de oficio., de conformidad con la remisión establecida en el artículo 775 de la misma. »

V.- FONDO DEL ASUNTO

El **artículo 97 del Código Civil** dispone lo siguiente:

> «El cónyuge al que la separación o el divorcio produzca un desequilibrio económico en relación con la posición del otro, que implique un empeoramiento en su situación anterior en el matrimonio, tendrá derecho a una compensación que podrá consistir en una pensión temporal o por tiempo indefinido, o en una prestación única, según se determine en el convenio regulador o en la sentencia.
>
> A falta de acuerdo de los cónyuges, el Juez, en sentencia, determinará su importe teniendo en cuenta las siguientes circunstancias:
>
> 1.ª Los acuerdos a que hubieran llegado los cónyuges.

2.ª La edad y el estado de salud.
3.ª La cualificación profesional y las probabilidades de acceso a un empleo.
4.ª La dedicación pasada y futura a la familia.
5.ª La colaboración con su trabajo en las actividades mercantiles, industriales o profesionales del otro cónyuge.
6.ª La duración del matrimonio y de la convivencia conyugal.
7.ª La pérdida eventual de un derecho de pensión.
8.ª El caudal y los medios económicos y las necesidades de uno y otro cónyuge.
9.ª Cualquier otra circunstancia relevante.
En la resolución judicial o en el convenio regulador formalizado ante el Letrado de la Administración de Justicia o el Notario se fijarán la periodicidad, la forma de pago, las bases para actualizar la pensión, la duración o el momento de cese y las garantías para su efectividad».

Como queda acreditado en los documentos aportados, existe un claro desequilibrio económico ligado a la convivencia matrimonial, pues es mi mandante la que se ha dedicado a los/las hijos/as y a la familia durante los años que ha durado el matrimonio y como consecuencia de ellos ha estado desvinculada completamente del mundo laboral.

El **Tribunal Supremo, en sentencia n.º 720/2011, de 19 de octubre, ECLI:ES:TS:2011:6899** reza, «la pensión compensatoria requiere que el divorcio produzca un empeoramiento de la situación del cónyuge que la acredita en relación a su situación anterior en el matrimonio».

No obstante, no solo no se debe reducir la pensión alimenticia, sino aumentar la misma. A este respecto, a título de ejemplo, la **STS n.º 153/2018, de 15 de marzo, ECLI:ES:TS:2018:937**, con el tenor literal siguiente «Por tanto, constituye doctrina jurisprudencial que el reconocimiento del derecho incluso de hacerse con un límite temporal, no impide el juego de los artículos 100 y 101 del CC si concurren en el caso enjuiciado los supuestos de hecho previstos en dichas normas -alteración sustancial y sobrevenida de las circunstancias anteriores».

VI.- *IURA NOVIT CURIA*

En todo lo no invocado resulta de aplicación el principio *iura novit curia*, plasmado en el párrafo segundo del punto primero del **artículo 218 de la Ley de Enjuiciamiento Civil**, en virtud del cual serán aplicables las demás normas que sean de pertinente, especial o general aplicación, y que el juzgador podrá tener en cuenta de oficio sin necesidad de que hayan sido previamente alegados o invocados por alguna de las partes intervinientes.

VII.- COSTAS

De conformidad con el artículo 394 de la LEC, las costas deberás ser impuestas a la adversa.

En su virtud,

SUPLICO AL JUZGADO:

Que tenga por presentado este escrito, junto con sus documentos y copias, lo admita, y proceda a darle traslado a la parte demandante, y se me tenga como comparecido y parte en la representación que ostento, entendiéndose conmigo las sucesivas actuaciones, y tenga por formulada la presente **CONTESTACIÓN A LA DEMANDA DE MODIFICACIÓN DE MEDIDAS DEFINITIVAS** y, previos los trámites oportunos, se dicte sentencia se desestime íntegramente la demanda que se ha contestado.

Por ser justicia que pido en [LOCALIDAD] a [DÍA] de [MES] de [AÑO].

Letrado/a D./D.ª [NOMBRE]	Procurador/a D./D.ª [NOMBRE]
[NÚMERO_COLEGIADO ABOGADO_CLIENTE]	[NÚMERO_COLEGIADO_ PROCURADOR_CLIENTE]

PRIMER OTROSÍ DIGO: siendo intención de esta parte cumplir con todos los requisitos legales, a tenor de lo previsto en el artículo 231 de la Ley de Enjuiciamiento Civil, se solicita se le diere traslado de cualquier defecto que adoleciere la presente demanda, para la inmediata subsanación de la misma.

SUPLICO AL JUZGADO:

Tenga por efectuada la anterior manifestación a los efectos oportunos.

Por ser justicia, fecha y lugar *ut supra*.

Letrado/a D./D.ª [NOMBRE]	Procurador/a D./D.ª [NOMBRE]
[NÚMERO_COLEGIADO ABOGADO_CLIENTE]	[NÚMERO_COLEGIADO_ PROCURADOR_CLIENTE]

SEGUNDO OTROSÍ DIGO: en virtud del artículo 770 de la LEC, esta parte presenta **DEMANDA RECONVENCIONAL** solicitando la modificación de la pensión compensatoria a favor de mi mandante D./D.ª [NOMBRE], aumentando la misma a cargo de D./D.ª [NOMBRE PARTE CONTRARIA], y ello con base a los siguientes,

HECHOS

ÚNICO.- Considerando y dándose por reproducidos los hechos contenidos en esta contestación de la demanda, únicamente debemos incidir en la situación económica de la adversa.

Así, la adversa ha mejorado su situación en tanto en cuanto [DESCRIBIR Y APORTAR DOCUMENTAL].

Mi mandante a día de hoy carece de ningún tipo de ingreso ya que se ha dedicado durante [NÚMERO DE AÑOS] al cuidado de la familia y de la casa, por lo que de ninguna manera ha superado el desequilibrio y a mayor abundamiento la parte contraria no aporta en su demanda ningún dato que pueda acreditar este extremo.

En la actualidad, el desequilibrio económico ligado al matrimonio no ha desaparecido por lo que no cabe la extinción de la pensión compensatoria.

Es por todo lo expuesto, por lo que entendemos que la pensión compensatoria se debe aumentar en [CANTIDAD_EN_LETRA] euros ([CANTIDAD_EN_NÚMEROS] euros), cantidad inicialmente solicitada por mi mandante en la demanda de divorcio.

FUNDAMENTOS DE DERECHO

I.- JURISDICCIÓN Y COMPETENCIA

Corresponde a la jurisdicción civil según el artículo 36 de la Ley de Enjuiciamiento Civil (LEC).

El juzgado de familia al que me dirijo ostenta competencia objetiva y territorial por ser el órgano judicial que dictó la sentencia de medidas definitivas, de conformidad con el artículo 775.1 LEC.

II.- CAPACIDAD Y LEGITIMACIÓN

Ambas partes ostentan la capacidad legal prevista en el artículo 6 de la LEC, así como según los artículos 10 y 775.1 de la LEC están legitimadas las partes actuantes.

III.- POSTULACIÓN Y DEFENSA

Preceptiva la representación por medio de procurador/a y la asistencia letrada, en virtud de los artículos 23 y 31, ambos de la LEC, así como del artículo 750 del mismo texto legal.

IV.- FONDO DEL ASUNTO

Se reiteran y dan por reproducidos los obrantes en la contestación *ut supra*, en concreto en lo relativo a la normativa como en la jurisprudencia.

V.- COSTAS

De conformidad con lo dispuesto en el art. 394 de la LEC, deberán ser impuestas a la adversa.

VI.- *IURA NOVIT CURIA*

En todo lo no invocado resulta de aplicación el principio *iura novit curia*, plasmado en el párrafo segundo del punto primero del artículo 218 de la Ley de Enjuiciamiento Civil, en virtud del cual serán aplicables las demás normas que sean de pertinente, especial o general aplicación, y que el juzgador podrá tener en cuenta de oficio sin necesidad de que hayan sido previamente alegados o invocados por alguna de las partes intervinientes.

En su virtud,

SUPLICO AL JUZGADO:

Que tenga por presentado este escrito junto con sus copias y documentos adjuntos, los admita, les de la tramitación legal oportuna y, previo los trámites de rigor dicte resolución por la que **ESTIMANDO** esta demanda reconvencional DECLARE que la pensión compensatoria a cargo de la adversa a favor de mi mandante [NOMBRE], debe aumentarse a [CANTIDAD EN LETRA] euros ([CANTIDAD EN NÚMERO]), con todo lo demás que sea procedente en derecho.

Todo ello con expresa imposición en costas a la adversa.

Por ser justicia que se pide en [LOCALIDAD] a [FECHA].

Letrado/a D./D.ª [NOMBRE]	Procurador/a D./D.ª [NOMBRE]
[NÚMERO_COLEGIADO ABOGADO_CLIENTE]	[NÚMERO_COLEGIADO_ PROCURADOR_CLIENTE]

OTROSÍ DIGO: siendo intención de esta parte cumplir con todos los requisitos legales, a tenor de lo previsto en el artículo 231 de la Ley de Enjuiciamiento Civil, se solicita se le diere traslado de cualquier defecto que adoleciere la presente demanda, para la inmediata subsanación de la misma.

SUPLICO AL JUZGADO:

Que tenga por efectuada la anterior manifestación a los efectos oportunos.

Por ser justicia, fecha y lugar *ut supra*.

Letrado/a D./D.ª [NOMBRE]
[NÚMERO_COLEGIADO ABOGADO_CLIENTE]

Procurador/a D./D.ª [NOMBRE]
[NÚMERO_COLEGIADO_PROCURADOR_CLIENTE]

(1) Documentación acreditativa de la mejora en las condiciones económicas de la parte contraria con respecto al momento en el que fue establecida la pensión compensatoria objeto de modificación. De no disponerse de ella, puede solicitarse práctica de prueba mediante «OTROSÍ DIGO», solicitándose, testificales que acrediten los extremos alegados o la petición de que se libre atento oficio a los diferentes organismos y entidades a través de los que pueda acreditarse la percepción de ingresos de la parte contraria.

Cód. 01-02

Made in United States
North Haven, CT
08 November 2026

21928346R00080